封禪書第六　史記二十八

正義曰此泰山上築土爲壇以祭天報天之功故曰封此泰山下小山上除地報地之功故曰禪言禪者神之也白虎通云或曰封者金銀繩或曰古泥金繩封之印璽也五經通義云易姓而王致太平必封泰山禪梁父荷天命以爲王使理羣生告太平於天報羣神之功

自古受命帝王曷嘗不封禪蓋有無其應而用事者矣未有睹符瑞見而不臻乎泰山者也雖受命而功不至至梁父矣而德不洽洽矣而日有不暇給是以即事用希傳曰三年不爲禮禮必廢三年不爲樂樂必壞每世之隆則封禪答焉及衰而息厥曠遠者千有餘載近者數百載故其儀闕然堙滅其詳不可得而記聞云尚書曰舜在璇璣玉衡以齊七政遂類于上帝禋于六宗望山川徧羣神輯五瑞擇吉月日見四岳諸牧還瑞徐廣曰還一作班歲二月東巡狩至于岱宗岱宗泰山也正義曰括地志云泰山一曰岱宗東嶽也在兗州博城縣西北三十里周禮云兗州鎮曰岱宗柴望秩于山川遂覲東后東后者諸侯也合時月正日同律度量衡脩五禮五玉三帛二牲一死贄五月巡狩至南岳南岳衡山也正義曰括地志云衡山一名岣嶁山在衡州湘潭縣西四十一里八月巡狩至西岳西岳華山也正義曰括地志云華山在華州華陰縣南八里古文以爲敦物周禮云豫州鎮曰華山十一月

巡狩至北岳北岳恒山也正義曰括地志云恒山在定州恒陽縣西北百四十里周禮云并州鎮曰恒山皆如岱宗之禮中岳嵩高也索隱曰獨不言至者蓋以天子所都也○正義曰括地志云嵩山亦名太室亦名外方也在洛州陽城縣西北二十三里五載一巡狩禹遵之後十四世至帝孔甲淫德好神神瀆二龍去之索隱曰如淳案國語二龍漦于夏庭是也其後三世湯伐桀欲遷夏社不可作夏社後八世至帝太戊有桑穀生於廷一暮大拱懼伊陟徐廣曰陟古作敕曰妖不勝德太戊脩德桑穀死伊陟贊巫咸巫咸之興自此始索隱曰尚書伊陟贊于巫咸孔安國云贊告也巫咸臣名今此巫咸之興起自此始則以巫咸爲巫覡然楚詞亦以巫咸主神蓋太史以巫咸是殷臣以巫接神事太戊使禳桑穀之災所以伊陟贊巫咸故云巫咸之興自此始也後十四世帝武丁得傅說爲相殷復興焉稱高宗有雉徐廣曰一作鷮音嬌登鼎耳雊武丁懼祖己曰脩德武丁從之位以永寧後五世帝武乙慢神而震死索隱曰謂武乙射天後獵于河渭而震死也後三世帝紂淫亂武王伐之由此觀之始未嘗不肅祗後稍怠慢也周官曰冬日至祀天於南郊迎長日之至夏日至祭地祇皆用樂舞而神乃可得而禮也天子祭天下名山大川五岳視三公四瀆視諸侯諸侯祭其疆內名山大川四瀆者江河淮濟也天子曰明堂辟雍韋昭曰水外四周自如辟雍以節諸侯曰

泮宮張晏曰制度半於天子之辟雍○索隱曰服虔云天子水匝爲辟雍諸侯水不匝至半爲泮宮禮統
又云泮有水而半有宮是也周公既相成王郊祀后稷以配天
王肅曰配天於南郊祀之宗祀文王於明堂以配上帝鄭玄曰上帝者天之
別名也神無二主故異其處避后稷也自禹興而修社祀后稷稼穡
故有稷祠郊社所從來尚矣自周克殷後十四
世世益衰禮樂廢諸侯恣行而幽王爲犬戎所
敗徐廣曰犬一作畎周東徙雒邑秦襄公攻戎救周始
列爲諸侯正義曰秦襄公周平王元年封也秦襄公既侯居西垂
正義曰漢隴西郡西縣也今在秦州上邽縣西南九十里也自以爲主少皞之神
作西畤祠白帝其牲用騮駒黃牛羝羊各一云

索隱曰毛詩傳云赤馬黑鬣曰騮也羝牡羊其後十六年秦文公東獵汧
渭之閒卜居之而吉索隱曰地理志汧水出汧縣西北入渭皇甫謐云文公徙都汧
也○正義曰括地志云郿縣故城在岐州郿縣東北十五里即此城也文公夢黃蛇自
天下屬地其口止於鄜衍李奇曰鄜音孚山阪曰衍○索隱曰鄜地名後爲縣
屬馮翊衍者鄭衆註周禮云下平曰衍又李奇云三輔謂山陵閒爲衍也文公問史敦敦
曰此上帝之徵君其祠之於是作鄜畤用三牲
郊祭白帝焉自未作鄜畤也而雍旁故有吳陽
武畤李奇曰於旁有吳陽也雍東有好畤皆廢無祠或曰
自古以雍州積高神明之隩故立畤郊上帝諸
神祠皆聚云蓋黃帝時嘗用事雖晚周亦郊焉

其語不經見搢紳者不道李奇曰搢插也插笏於紳紳大帶○索隱曰姚
氏云縉當作搢鄭衆註周禮云搢讀曰薦謂垂之於紳帶
之間今案鄭意以搢爲薦則薦亦是進進而置於紳帶之
閒故史記亦多作薦字也作鄜時後九年文公獲若石云于陳
倉北阪城祠之蘇林曰質如石也服虔曰在北或曰在陳倉北○索隱曰云語辭也○正義曰
三秦記云太白山西有陳倉山山有石鷄與山鷄不別趙
高燒山山鷄飛去而石鷄不去晨鳴山頭聲聞三里或言
是玉鷄括地志云陳倉山在岐州陳倉縣南又云寶鷄神
祠在漢陳倉縣故城中今陳倉縣東石鷄在陳倉山上祠
在陳倉城故言獲若石于陳倉北阪城同其神或歲不至或歲數來來
也常以夜光輝若流星從東南來集于祠城則
若雄雞其聲殷云野雞夜雊如淳曰野雞雉也呂后名雉故曰野雞瓚
曰殷聲也云足句之辭以一牢祠命曰陳寶瓚曰陳倉縣有寶夫人祠或一歲二

歲與葉君合葉神來時天爲之殷殷雷鳴雉爲雊在長安
正西五百里韋昭曰在陳倉縣寶而祠之故曰陳寶○索
隱曰列異傳云陳倉人得異物以獻之道遇二童子云此
名爲媦在地下食死人腦媦乃言云彼童子名陳寶得雄
者王得雌者霸乃逐童子化爲雉秦穆公大獵果獲其雌
爲立祠祭有光雷電之聲雄止南陽有赤光長十餘丈來
入陳倉祠中所以代俗謂之寶夫人祠抑有由也葉縣
名在南陽葉君即雄雉之神故時與寶夫人神合也作
鄜時後七十八年秦德公既立卜居雍後子孫
飲馬於河遂都雍雍之諸祠自此興用三百牢
於鄜時索隱曰秦本紀德公元年以犧三百牢鄜時今案百當爲白秦君西祀少昊牲尚白牢秦諸侯
也雖奢侈僭祭郊本特牲不可用三百牢以祭天蓋字誤作伏祠索隱曰服虔云周時無伏秦始作之
漢舊儀云伏者萬鬼行故閉書日不干求也東觀漢記和
帝初令伏閉晝日是也又曆忌釋曰伏者何金氣伏藏之
名四時代謝皆以相生而春木代水水生木也夏火代木
木生火也冬水代金金生水也至秋則以金代火金畏於

魚也西海致比翼之鳥韋昭曰各有一翼不比不飛其名曰鶼鶼○索隱曰山海經云崇丘之山有鳥狀如鳧一翼一目相得乃飛名云蠻郭璞註爾雅亦作鶼鶼也然後物有不召而自至者十有五焉今鳳凰麒麟不來嘉穀不生而蓬蒿藜莠茂鴟梟數至而欲封禪毋乃不可乎於是桓公乃止是歲秦繆公內晉君夷吾其後三置晉國之君平其亂索隱曰三置晉君謂惠公懷公文公也繆公立三十九年而卒其後百有餘年而孔子論述六蓺傳略言易姓而王封泰山禪乎梁父者七十餘王矣其俎豆之禮不章蓋難言之或問禘之說孔子曰不知知禘之說其於天下也視其掌孔安國曰爲魯諱也包氏曰孔子謂或人言知禘之說者於天下之事如指視以掌中之物言其易了詩云紂在位文王受命政不及泰山武王克殷二年天下未寧而崩爰周德之洽維成王成王之封禪則近之矣及後陪臣執政季氏旅於泰山仲尼譏之馬融曰旅祭名禮諸侯祭山川在封內者今陪臣祭泰山非禮是時萇弘以方事周靈王諸侯莫朝周周力少萇弘乃明鬼神事設射狸首狸首者諸侯之不來者徐廣曰狸一名不來依物怪欲以致諸侯諸侯不從而晉人執殺萇弘皇覽曰萇弘冢在河南洛陽東北山上也周人之言方怪者自萇弘其後百餘年秦靈公作吳陽上畤祭

黃帝徐廣曰凡去作密時二百五十年作下畤祭炎帝索隱曰吳陽地名蓋在岳之南又上云雍旁有故吳陽武畤今蓋因武畤又作上下畤以祭黃帝炎帝後四十八年周太史儋見秦獻公索隱曰儋音丁甘反孟康云即老子也韋昭案年表儋在孔子後百餘年非老聃也曰秦始與周合合而離五百歲當復合索隱曰大顏曆評諸家而云周平王封襄公始列為諸矦是乃為別至昭王五十二年西周君臣獻邑凡五百一十六年是為合此言五百年舉全數也合十七年而霸王出焉索隱曰自昭王滅周之後至始皇元年誅嫪毐正一十七年孟康云謂周封秦為別秦并周為合此襄公為霸始皇為王故云霸王出者也。正義曰王于放反秦周俱黃帝之後至非子未別封是合也合而離者謂非子末年周封非子為附庸邑之秦是離也五百歲當復合者謂從非子邑秦後二十九君至秦孝公二年五百歲周顯王致文武胙於秦孝公復與之親是復合也十七年霸王出焉者謂從秦孝公三年至十九年周顯王致伯於秦孝公是霸王也孝公惠王稱王者出焉然五

百歲者非子生秦侯已下二十八君至孝公二年合四百八十六年兼非子邑秦之後十四年則成五百歲矣諸家解皆非也櫟陽雨金秦獻公自以為得金瑞故作畦畤櫟陽而祀白帝晉灼曰漢注在隴西西縣人先祠山下形如種韭畦畦各一土封。索隱曰漢舊儀云祭人先於隴西西縣人先山山上皆有土人山下有時如種韭畦畦中各有二土封故云畦時其後百二十歲而秦滅周徐廣曰去太史儋言時百二十年周之九鼎入于秦或曰宋太丘社亡爾雅曰古陵太丘索隱曰應劭云亡淪入地非也案亡謂社主亡也郭璞云宋有太丘社以社名此地也而鼎沒于泗水彭城下其後百一十五年而秦并天下秦始皇既并天下而帝或曰黃帝得土德黃龍地螾見應劭曰螾丘蚓也黃帝土位故地見其神蚓大五六圍長十餘丈韋昭曰黃者地色螾亦地物故以為瑞。索隱曰此史

所記出呂氏春秋也螾音引夏得木德青龍止於郊草木暢茂殷得金德銀自山溢蘇林曰流出也周得火德有赤烏之符索隱曰尚書中候及呂氏春秋皆云有火自天止于王屋流爲赤烏五至以數俱來今秦變周水德之時昔秦文公出獵獲黑龍此其水德之瑞於是秦更命河曰德水以冬十月爲年首色上黑度以六爲名正義曰張晏云水北方黑水終數六故以方六寸爲符六尺爲步音上大呂事統上法服虔曰政上法令也瓚曰水陰陰主刑殺故上法

即帝位三年東巡郡縣祠騶嶧山頌秦功業索隱曰騶縣之驛山騶縣本邾國魯穆公改作鄒從征記北巖有秦始皇所勒之銘於是徵從齊魯之儒生博士七十人至乎泰山下諸儒生或議曰古者封禪爲蒲車惡傷山之土石草木索隱曰蒲車謂蒲裹車輪也埽地而祭席用葅稭應劭曰稭禾稾也去其皮以爲席如淳曰葅讀曰祖稭讀曰戛晉灼曰葅藉也。索隱曰周禮祭祀供茅葅說文云葅茅藉也言其易遵也始皇聞此議各乖異難施用由此絀儒生而遂除車道上自太山陽至巓立石頌秦始皇帝德明其得封也從陰道下禪於梁父其禮頗采太祝之祀雍上帝所用而封藏皆祕之世不得而記也始皇之上太山中阪遇暴風雨休於大樹下諸儒生既絀不得與用於封事之禮聞始皇遇風雨則譏之於是始皇遂東游海上行禮祠名山大川及八神求僊人羨門之屬八神將自古而有之或曰太公以來作之齊所以爲齊以天齊也蘇林曰當天中中齊其祀絶莫知起時八神一曰天主祠天齊天齊淵水居臨菑南郊山下者索隱曰顧氏案解道彪齊記云臨菑城南有天齊五泉並出有異於常言如天之腹齊也小顔云下下謂最下也二曰地主祠太山梁父蓋天好陰祠之必於高山之下小山之上命曰時徐廣曰一云之下上時命曰時○索隱曰此之一云與漢書郊祀志文同也地貴陽祭之必於澤中圜丘云三曰兵主祠蚩尤蚩尤在東平陸監鄉徐廣曰屬東平郡○索隱曰監音闞皇覽云蚩尤冢在東平郡壽張縣闞鄉城中也齊之西境也四曰陰主祠

三山索隱曰小顔以爲下所謂三神山顧氏案地理志東萊曲成有參山即此三山也非海中之三神山也五曰陽主祠之罘正義曰括地志云之罘山在萊州文登縣西北九十里六曰月主祠之萊山韋昭曰在東萊長廣縣皆在齊北並勃海七曰日主祠成山成山斗入海韋昭曰成山在東萊不夜斗入海不夜古縣名○索隱曰案解道彪齊記云不夜城蓋古有日夜出見於東境故萊子立城以不夜爲名也斗入海謂斗絶曲入海也最居齊東北陽以迎日出云八曰四時主祠琅邪索隱曰山海經云琅邪臺在勃海閒案是山形如臺地理志琅邪縣有四時祠也琅邪在齊東方蓋歲之所始皆言用一牢具祠而巫祝所損益珪幣雜異焉自齊威宣之時索隱曰謂威王宣王也騶子之徒韋昭曰名衍論著終始五德之運如淳

曰今其書有五德始終五德各以所勝爲行秦謂周爲火德滅火者水故自謂之水德 及秦帝而
齊人奏之故始皇采用之而宋毋忌正伯僑充
尚羨門子高 韋昭曰皆慕古人名效神仙者○索隱曰樂彥引老子道經云月中仙人宋毋忌白澤圖云火之精曰宋毋忌蓋其人火仙也司馬相如云正伯僑古仙人顧氏案裴秀冀州記云緱氏仙人廟者昔有王喬犍爲武陽人爲柏人令於此得仙非王子喬也充尚無所見羨門高者秦始皇使盧生求羨門子高是也
最後皆燕人 索隱曰最後猶言甚後也服虔說止有四人是也小顏云自宋毋忌至最後凡五人劉伯莊亦同此說恐未詳 爲方僊道形解銷化 服虔曰尸解也張晏曰人老如解去故骨則變化也今山中有龍骨世人爲之龍解骨化去也 依於鬼神之事騶衍
以陰陽主運 如淳曰今其書有主運五行相次轉用事隨方面爲服○索隱曰主運是鄒子之書篇名也 顯於諸侯而燕齊海上之方士傳其術不

史禪去久 十二

能通然則怪迂阿諛苟合之徒自此興不可勝
數也自威宣燕昭使人入海求蓬萊方丈瀛州
此三神山者其傳在勃海中 服虔曰傳音附或曰其傳書云爾瓚云世人相傳之 去人不遠患且至則船風引而去蓋嘗有
至者諸僊人及不死之藥皆在焉其物禽獸盡
白而黃金銀爲宮闕未至望之如雲及到三神
山反居水下臨之風輒引去終莫能至云世主
莫不甘心焉 索隱曰謂心甘羨也 及至秦始皇并天下至海
上則方士言之不可勝數始皇自以爲至海上
而恐不及矣使人乃齎童男女入海求之船交

海中皆以風爲解索隱曰顧野王云皆自解說遇風不至也曰未能至望見之焉其明年始皇復游海上至琅邪過恒山從上黨歸後三年游碣石考入海方士服虔曰疑詐故考之瓚曰考校其虛實從上郡歸後五年始皇南至湘山遂登會稽並海上冀遇海中三神山之奇藥不得還至沙丘崩正義曰括地志云沙丘臺在邢州平鄉東北三十里二世元年東巡碣石並海南歷太山至會稽皆禮祠之而刻勒始皇所立石書旁以章始皇之功德索隱曰小顏云今此諸山皆有始皇所刻石及胡亥重刻其文並具存也其秋諸侯畔秦三年而二世弒死始皇封禪之後十二歲秦亡諸儒生疾

秦焚詩書誅僇文學百姓怨其法天下畔之皆譌曰始皇上太山爲暴風雨所擊不得封禪此豈所謂無其德而用事者邪索隱曰即封禪書序云蓋有無其應而用事者矣此當有所本太史公再引以爲說也昔三代之君皆在河洛之間正義曰世本云夏禹都陽城避商均也又都平陽或在安邑或在晉陽也帝王世紀云殷湯都亳在梁又都偃師至盤庚徙河北又徙偃師也周文武都酆鄗至平王徙都河南按三代之居皆在河洛之間也故嵩高爲中岳而四岳各如其方四瀆咸在山東至秦稱帝都咸陽則五岳四瀆皆并在東方自五帝以至秦軼興軼衰名山大川或在諸侯或在天子其禮損益世殊不可勝記及秦并天下令祠

匱云馮脩也龍魚河圖云河伯姓呂公子夫人姓馮名夷
河伯字也華陰潼鄉隄首人水死化爲河伯應劭云夷馮
夷乃水仙也沔祠漢中索隱曰水經云沔水出武都沮縣注云東南注漢所謂漢水故祠之漢中
樂彥云漢女者漢神是也湫淵祠朝那蘇林曰湫淵在安定朝那縣方四十里停不流冬夏
不增減不生草木音將蓼反○索隱曰湫音子小反又音
子由反即龍之所處也○正義曰括地志云朝那湫祠在
原州平高縣東南二十里湫谷水源出寧州安定縣江水祠蜀索隱曰風俗通云江出㟭山㟭山廟
在江都地理志江都有江水祠蓋漢初祠之於源後祠之
於委也廣雅云江神謂之奇相江記云帝女也卒爲江神
華陽國志云蜀守李冰於彭門闕立江神祠三所漢舊儀
云祭四瀆用三牲圭沉有車馬紺蓋○正義曰括地志云
江瀆祠在益州成都縣南八里秦并天下江水祠蜀亦春秋泮涸禱賽如東
方名山川而牲牛犢牢具珪幣各異而四大冢
鴻岐吳岳皆有嘗禾孟康曰以新穀祭○索隱曰案謂四山爲大冢爾雅云山頂曰

冢蓋亦因鳴冢而爲號也陳寶節來祠服虔曰陳寶神應節來其河加有
嘗醪此皆在雍州之域近天子之都故加車一
乘騂駒四霸產正義曰括地志云霸水古滋水也亦名曰藍谷水即秦嶺水之下流也雍
州藍田縣滻水即荆溪狗枷之下流也在雍州萬年縣也長水灃澇徐廣曰音勞翺案漢書音義曰
水名在鄠縣界○索隱曰百官表有長水校尉沈約宋書
云營近長水因以爲名水經云長水出白鹿原今之荆溪
水是也十三州記豐水出鄠縣南也○正義曰括地志云灃水源在雍州長安縣西南山灃谷涇渭皆
非大川以近咸陽盡得比山川祠而無諸加韋昭
曰無車駟之屬汧洛正義曰括地志云汧水源出隴州汧源縣西南汧山東入渭洛水源出慶州洛源縣白於
山南流入渭又云洛水商州洛南縣西冢嶺山東北流入河按有三洛水未知祠何者二淵正義曰地理志
云三川源在慶州華池縣西子午嶺東三川合因名也鳴澤索隱曰服虔云鳴澤在涿郡道縣○正義曰括

地志云鳴澤在幽州范陽縣西十五里按遒縣在易州淶水縣北一里故遒城是也澤在遒南蒲山岳壻山徐廣曰音先許反之屬為小山川亦皆歲禱賽泮

涸祠禮不必同而雍有日月參辰索隱曰漢書舊儀云祭參辰於池陽谷口夾道在右為壇也雍地名南北斗熒惑太白歲星填星二十八宿風伯雨師四海九臣晉灼曰自此以下至天淵玉女凡二十六小神不說十四臣索隱曰九臣十四臣並不見其名數所出故昔賢皆不論也諸布諸嚴諸逑之屬百有餘廟索隱曰爾雅祭星曰布或云諸布是祭星之處逑亦未詳漢書作遂西亦有數十祠索隱曰西即隴西之西縣秦之舊都故有祠焉於湖有周天子祠索隱曰地理志湖縣屬京兆有周天子祠二所在於下邽有天神灃滈有昭明索隱曰案樂彥引河圖云熒惑星散為昭明天子辟池索隱曰樂彥云辟池未聞顧氏以為璧池即滈池所謂華陰平舒道逢使者持璧以遺滈池君故曰璧池今案謂天子辟池即周天子辟雍之地故周文王都酆武王都滈既立靈臺則亦有辟雍耳張衡亦以辟池為雍也於社亳有三社主之祠韋昭曰亳音薄湯所都瓚曰濟陰薄縣是。索隱曰徐廣云京兆杜縣有亳亭則杜字誤合作杜亳且據文列於下皆是地邑則杜是縣案秦寧公與亳王戰亳王奔戎遂滅湯社皇甫謐亦云周桓王時自有亳王號湯非殷也而臣瓚以亳為成湯之邑故云在於濟陰非也案謂社亳二邑有三社主之祠也壽星祠索隱曰壽星蓋南極老人星也見則天下理安故祠之以祈福壽也。正義曰角亢在辰為壽星三月之時萬物始生建於春氣布養各盡其性不罹灾夭故壽而雍菅廟亦有杜主李奇曰菅茅也杜主故周之右將軍索隱曰地理志杜陵故杜伯國有杜主祠四墨子云周宣王殺杜伯不以罪後宣王田於圃見杜伯執弓矢射宣王伏弢而死故祠之也。正義曰括地志云杜祠雍州長安縣西南二十五里其在秦中最小鬼之神者索隱曰謂其鬼雖最小而有神靈者也各以歲時奉祠唯雍四時上帝爲尊索隱曰雍有五時而言四者顓氏以爲兼下文上帝爲五非也案四時據秦舊而言秦襄公始列爲諸侯而作西時文公卜居汧渭之閒而作鄜時皆非雍也至秦德公卜居雍而後宣公作密時祠青帝靈公作上時祠黃帝下時祠炎帝獻公作畦時祠白帝是爲四并高祖增黑帝而五也。正義曰括地志云鄜時吳陽上下時是言秦用四時祠上帝青赤白最尊貴之也其光景動人民唯陳寶故雍四時春以爲歲禱因泮凍秋涸凍冬賽祠五月嘗駒及四仲之月祠若月祠陳寶節來一祠春夏用騂秋冬用駵時駒四匹木禺龍欒車一駟漢書音義曰禺寄也寄生龍形於木也。索隱曰禺音偶謂偶其形於木禺馬亦然欒車謂車有鈴乃有和鑾之節故取名也木禺車馬一駟各如其帝色黃犢羔各四珪幣各

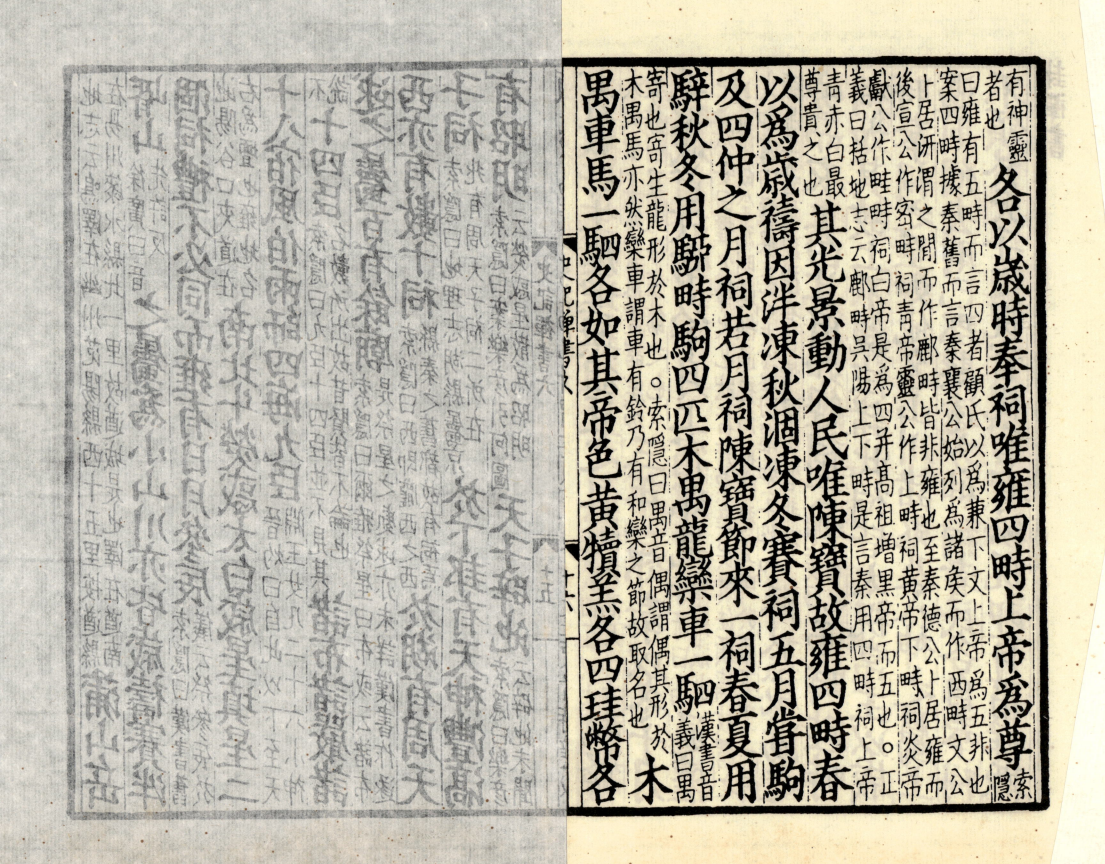

祝祠移過於下 正義曰謂有災祥輙令祝官祠祭移其咎惡於衆官及百姓也 漢興
高祖之微時嘗殺大蛇有物曰蛇白帝子也而
殺者赤帝子高祖初起禱豐枌榆社 張晏曰枌白榆也社在豐東北十五里或曰枌榆鄉名高祖里社 徇沛爲沛公則祠蚩尤釁
鼓旗遂以十月至灞上與諸侯平咸陽立爲漢
王因以十月爲年首而色上赤二年東擊項籍
而還入關問故秦時上帝祠何帝也對曰四帝
有白青黃赤帝之祠高祖曰吾聞天有五帝而
有四何也莫知其說於是高祖曰吾知之矣乃
待我而具五也乃立黑帝祠命曰北時有司進
祠上不親往悉召故秦祝官復置太祝太宰如
其故儀禮因令縣爲公社 李奇曰猶官社 下詔曰吾甚
重祠而敬祭今上帝之祭及山川諸神當祠者
各以其時禮祠之如故 徐廣曰高祖本紀曰二年六月令祠官祀天地四方上帝山川以時祀之 後四歲天下已定詔御史令豐謹治枌
榆社常以四時春以羊彘祠之令祝官立蚩尤
之祠於長安長安置祠祝官女巫其梁巫祠天
地天社天水房中堂上之屬 索隱曰禮樂志有安世房中歌皆謂祭時房中堂上歌先祖之功德也 晉巫祠五帝東君雲中司命巫社
巫族人先炊之屬 索隱曰廣雅云東君日也王逸註楚詞雲中雲也東君雲中亦見歸

藏易也周禮以槱燎祠司命鄭衆云司命文昌四星也。正義曰先炊古炊母之神也秦巫祠社主巫保族纍之屬索隱曰社主即上文三社之主巫保族纍二神名纍音力追反荊巫祠堂下巫先司命施糜之屬應劭曰先人所在之國及有靈施化民人又貴悉置祠巫祝博求神靈之意文穎曰巫掌神之位次者也范氏世仕於晉故祠祝有晉巫范會支庶留秦為劉氏故有秦巫劉氏隨魏都大梁故有梁巫後徙豐豐屬荊故有荊巫。索隱曰巫先謂古巫之先有靈者蓋巫咸之類也施糜鄭玄謂主施糜粥之神九天巫祠九天索隱曰孝武本紀云立九天廟於甘泉三輔故事云胡巫事九天於神明臺淮南子云中央曰鈞天東方曰蒼天東北旻天北方玄天西北幽天西方皓天西南朱天南方炎天東南陽天是為九天也。正義曰太玄經云一中天二羨天三徙天四更天五睟天六郭天七咸天八治天九成天也皆以歲時祠宮中其河巫祠河於臨晉而南山巫祠南山秦中秦中者二世皇帝張晏

曰子產云匹夫匹婦強死者魂魄能依人為厲各有時月其後二歲或曰周興而邑邰立后稷之祠至今血食天下正義曰顏師古云祭有牲牢故言血食遍於天下於是高祖制詔御史其令郡國縣立靈星祠張晏曰龍星左角曰天田則農祥也晨見而祭。正義曰漢舊儀云五年脩復周家舊祠祀后稷於東南為民祈農報厥功夏則龍星見而始雩龍星左角為天田右角為天庭天田為司馬教人種百穀為稷靈者神也辰之神為靈星故以壬辰日祠靈星於東南金勝為土相也廟記云靈星祠在長安城東十里常以歲時祠以牛高祖十年春有司請令縣常以春三月及時臘祠社稷以羊豕民里社各自財以祠制曰可其後十八年孝文帝即位即位十三年下詔曰今祕祝移過于下朕甚不取自今

除之始名山大川在諸侯諸侯祝各自奉祠天子官不領及齊淮南國發[正義曰齊有泰山淮南有天柱山二山初天子祝官不領遂廢其祀令諸侯奉祠今令太祝盡以歲時致禮如秦故儀]令太祝盡以歲時致禮如故是歲制曰朕即位十三年于今賴宗廟之靈社稷之福方內艾安民人靡疾間者比年登朕之不德何以饗此皆上帝諸神之賜也蓋聞古者饗其德必報其功欲有增諸神祠有司議增雍五畤路車各一乘駕被具[正義曰顏師古云駕船被馬之飾皆具]西畤畦畤禺車各一乘禺馬四匹駕被具其河湫漢水[正義曰河秋黃河及湫泉]加玉各二[正義曰言二水祭時各加玉璧二枚]及諸祠各增廣壇場圭幣俎豆以差加之而祝釐者歸福於朕百姓不與焉自今祝致敬毋有所祈魯人公孫臣上書曰始秦得水德今漢受之推終始傳則漢當土德土德之應黃龍見宜改正朔易服色色上黃是時丞相張蒼好律曆以為漢乃水德之始故河決金堤[漢書音義曰在東郡界]其符也[索隱曰謂河決乃水德之符應也]年始冬十月色外黑內赤[服虔曰十月陰氣在外黑陽氣尚伏在地故內赤]與德相應如公孫臣言非也罷之後三歲黃龍見成紀[徐廣曰在文帝十五年春。正義曰按成紀云秦州縣也]文帝乃召公孫臣拜為博士與諸生草改歷服色事其夏下詔曰異物之神見于成紀無害於民歲以有年朕祈郊上帝諸神禮官議無諱以勞朕有司皆曰古者天子夏親郊祀上帝於郊故曰郊於是夏四月文帝始郊見雍五畤祠衣皆上赤其明年趙人新垣平以望氣見上言長安東北有神氣成五采若人冠絻焉或曰東北神明之舍西方神明之墓也張晏曰神明日也日出東方舍謂陽谷日没於西也墓北谷也天瑞下宜立祠上帝以合符應於是作渭陽五帝廟同宇韋昭曰宇謂上同下異禮所謂複廟重屋也瓚曰一營宇之中立五廟。正義曰括地志云渭陽五帝廟在雍州咸陽縣東三十里宮殿疏云五帝廟一宇五殿也按一宇之内而設五帝各依其方帝别爲一殿而門各如帝色也帝一殿面各五門各如其帝色祠所用及儀亦如雍五畤夏四月文帝親拜霸渭之會如淳曰二水之會。正義曰渭陽五廟在二水之合北岸以郊見渭陽五帝五帝廟南臨渭北穿蒲池溝水正義曰顔師古云蒲池謂蒲而種池也蒲字或作蘭言其水恐顔說非按括地志云渭北咸陽縣有蘭池而始皇逢盗蘭池者也言穿溝引渭水入蘭池也疑蘭字誤作爲蒲重更錯失權火舉而祠若光煇然屬天焉於是貴平上大夫賜累千金而使博士諸生刺六經中作王制索隱曰小顔云刺謂采取之也劉向七録云文帝所造書有本制兵制服制篇刺音七賜反謀議巡狩封禪事文帝出長安門徐廣曰在霸陵駟案如淳曰亭名也正義曰括地志云長門故亭在雍

州萬年縣東北苑中後館陶公主長門園武帝以長門名宮即此）若見五人於道北遂
因其直北立五帝壇（孟康曰直值也值其立處以作壇）祠以五牢
具其明年新垣平使人持玉杯上書闕下獻之
平言上曰闕下有寶玉氣來者已視之果有獻
玉杯者刻曰人主延壽平又言臣候日再中（索隱
曰晉灼云淮南云魯陽公與韓構戰戰酣日暮援戈麾之日爲却三舍豈其然乎）居頃之日卻
復中於是始更以十七年爲元年令天下大酺
平言曰周鼎亡在泗水中今河溢通泗臣望東
北汾陰直有金寶氣意周鼎其出乎兆見不迎
則不至於是上使使治廟汾陰南臨河欲祠出

周鼎（徐廣曰是後二十七年鼎出汾陰）人有上書告新垣平所言
氣神事皆詐也下平吏治誅夷新垣平自是之
後文帝怠於改正朔服色神明之事而渭陽長
門五帝使祠官領以時致禮不往焉明年匈奴
數入邊興兵守禦後歲少不登數年而孝景即
位十六年祠官各以歲時祠如故無有所興至
今天子（自此後武帝事褚先生取爲武帝本紀注解已在第十二卷今直載徐義）今天子
初即位尤敬鬼神之祀元年漢興已六十餘歲
矣天下艾安搢紳之屬皆望天子封禪改正度
也而上鄉儒術招賢良趙綰王臧等以文學爲

公卿欲議古立明堂城南以朝諸侯草巡狩封禪改歷服色事未就會竇太后治黄老言不好儒術使人微伺得趙綰等姦利事召案綰臧臧自殺諸所興皆廢後六年竇太后崩其明年徵文學之士公孫弘等明年今上初至雍郊見五畤後常三歲一郊索隱曰漢舊儀云元年祭天二年祭地三年祭五畤三歲一遍皇帝自行也是時上求神君舍之上林中蹏氏觀神君者長陵女子以子死見神於先後宛若宛若祠之其室民多往祠平原君往祠其後子孫以尊顯及今上即位則厚禮置祠之內中聞其言

不見其人云是時李少君亦以祠竈穀道卻老方見上上尊之少君者故深澤侯舍人索隱曰案表深澤侯趙將夜以高祖八年封侯至元朔五年夷侯胡薨無後國除主方匿其年及其生長常自謂七十能使物卻老其游以方徧諸侯無妻子人聞其能使物及不死更饋遺之常餘金錢衣食人皆以為不治生業而饒給又不知其何所人愈信爭事之少君資好方善為巧發奇中嘗從武安侯飲索隱曰武安侯田蚡也坐中有九十餘老人少君乃言與其大父游射處老人為兒時從其大父識其處一坐盡驚少君見上上

有故銅器問少君少君曰此器齊桓公十年陳於柏寢索隱曰韓子云齊景公與晏子遊於少海登柏寢之臺而望其國已而案其刻果齊桓公器一宮盡駭以爲少君神數百歲人也少君言上曰祠竈則致物致物而丹沙可化爲黃金黃金成以爲飲食器則益壽益壽而海中蓬萊僊者乃可見見之以封禪則不死黃帝是也臣嘗游海上見安期生安期生食巨棗大如瓜索隱曰包愷云巨或作臣安期生僊者通蓬萊中合則見人不合則隱於是天子始親祠竈遣方士入海求蓬萊安期生之屬而事化丹沙諸藥齊爲黃金矣居久之李少君病死天子以爲化去不死而使黃錘徐廣曰音才恚反錘縣黃縣皆在東萊史寬舒受其方求蓬萊安期生莫能得而海上燕齊怪迂之方士多更來言神事矣亳人謬忌奏祠太一方曰天神貴者太一索隱曰樂汁徵圖曰天宮紫微北極天一太一宋均云天一太一北極神之別名春秋佐助期曰紫宮天皇曜魄寶之所理也石氏云天一太一各一星在紫宮門外立承事天皇大帝太一佐曰五帝古者天子以春秋祭太一東南郊用太牢七日爲壇開八通之鬼道索隱曰司馬彪續漢書祭祀志云壇有八陛通道以爲門又三輔黃圖云上帝壇八觚神道八通廣三十步也於是天子令太祝立其祠長安東南郊常奉祠如忌

方其後人有上書言古者天子三年壹用太牢祠神三一天一地一太一天子許之令太祝領祠之於忌太一壇上如其方後人復有上書言古者天子常以春解祠（索隱曰謂祠祭以解殃咎求福祥也）祠黃帝用一梟破鏡冥羊用羊祠馬行用一青牡馬太一澤（徐廣曰澤一作皐）山君地長用牛（索隱曰此則人上書言古天子祭太一太一天神也澤澤山本紀作皐山澤山君地長謂祭地於皐山同用太牢故云用牛盖是異代之法也）武夷君用乾魚（索隱曰顧氏案地理志云建安有武夷山溪有仙人葬處即漢書所謂武夷君是時既用越巫勇之疑即此神今案其祀用乾魚兼不享牲牢或如顧說也）陰陽使者以一牛令祠官領之如其方而祠於忌太一壇旁其後

天子苑有白鹿以其皮爲幣以發瑞應造白金焉（索隱曰樂彥云謂龍馬龜也）其明年郊雍（徐廣曰武帝立已十九年）獲一角獸若麟然有司曰陛下肅祗郊祀上帝報享錫一角獸盖麟云於是以薦五畤畤加一牛以燎錫諸侯白金風符應合于天也於是濟北王以爲天子且封禪乃上書獻太山及其旁邑天子以他縣償之常山王有罪遷天子封其弟於真定以續先王祀（徐廣曰元鼎四年時）而以常山爲郡然後五岳皆在天子之郡其明年齊人少翁以鬼神方見上上有所幸王夫人（徐廣曰外戚傳封禪書曰趙之王夫人幸有子封爲）

齊王夫人卒少翁以方蓋夜致王夫人及竈鬼之
貌云索隱曰漢書作李夫人卒帝悼之李少翁致其形帝爲作賦此云王夫人新論亦同未詳天子
自帷中望見焉於是乃拜少翁爲文成將軍賞
賜甚多以客禮禮之文成言曰上即欲與神通
宮室被服非象神神物不至乃作畫雲氣車及
各以勝日駕車辟惡鬼索隱曰樂彥云畫以勝日者謂畫青車以甲乙畫赤車以丙丁畫玄車以壬癸畫白車以庚辛畫黃車以戊己將有水事則乘黃車故云駕車辟惡鬼也又作甘
泉宮中爲臺室畫天地太一諸鬼神而置祭具
以致天神居歲餘其方益衰神不至乃爲帛書
以飯牛詳不知言曰此牛腹中有奇殺視得書

書言甚怪天子識其手書問其人果是僞書於
是誅文成將軍隱之其後則又作柏梁銅柱徐廣曰元鼎二年時承露仙人掌之屬矣文成死明年天子
病鼎湖甚索隱曰三輔黃圖云鼎湖宮名在藍田韋昭云地名近宜春案湖本屬京兆後分屬弘農恐非鼎湖之處也巫醫無所不致不愈游水發根言上
郡有巫病而鬼神下之上召置祠之甘泉及病
使人問神君神君言曰天子無憂病病少愈彊
與我會甘泉於是病愈遂起幸甘泉病良已大
赦置酒壽宮神君壽宮神君最貴者太一其
佐曰大禁司命之屬皆從之非可得見聞其言

言與人音等時去時來來則風肅然居室帷中時晝言然常以夜天子祓然後入因巫為主人關飲食所以言行下又置壽宮北宮張羽旗設供具以禮神君神君所言上使人受書其言命之曰書法其所語世俗之所知也無絕殊者而天子心獨喜其事祕世莫知也其後三年有司言元宜以天瑞命不宜以一二數一元曰建二元以長星曰光三元以郊得一角獸曰狩云其明年冬天子郊雍議曰今上帝朕親郊而后土無祀則禮不答也有司與太史公祠官寬舒議

天地牲角繭栗今陛下親祠后土后土宜於澤中圜丘為五壇壇一黃犢太牢具已祠盡瘞而從祠衣上黃於是天子遂東始立后土（徐廣曰元鼎四年）祠汾陰脽丘如寬舒等議上親望拜如上帝禮禮畢天子遂至滎陽而還過雒陽下詔曰三代邈絕遠矣難存其以三十里地封周後為周子南君以奉其先祀焉是歲天子始巡郡縣浸尋於泰山矣其春樂成侯上書言欒大欒大膠東宮人故嘗與文成將軍同師已而為膠東王尚方而樂成侯姊為康王后（索隱曰康王名寄）無子康王死

他姬子立爲王徐廣曰以元狩二年薨而康后有淫行與王不相中索隱曰三蒼云中得也相危以法康后聞文成已死而欲自媚於上乃遣欒大因樂成侯求見言方天子既誅文成後悔其蚤死惜其方不盡及見欒大大說大爲人長美言多方略而敢爲大言處之不疑大言曰臣常往來海中見安期羨門之屬顧以臣爲賤不信臣又以爲康王諸侯耳不足與方臣數言康王康王又不用臣臣之師曰黃金可成而河決可塞不死之藥可得僊人可致也然臣恐效文成則方士皆奄口惡敢言方哉上曰文成食馬肝死耳索隱曰論衡云氣勃而毒盛故食走馬肝馬肝殺人儒林傳曰食肉無食馬肝是也子誠能脩其方我何愛乎索隱曰上語欒大云子誠能修文成方我更何所愛惜乎謂不恡金寶祿位也大曰臣師非有求人人者求之陛下必欲致之則貴其使者令有親屬以客禮待之勿卑使各佩其信印乃可使通言於神人神人尚肯邪不邪致尊其使然後可致也於是上使驗小方鬬棊棊自相觸擊索隱曰顧氏案萬畢術云取雞血雜磨針鐵擣和磁石棊頭置局上自相抵擊也是時上方憂河決而黃金不就乃拜大爲五利將軍索隱曰謂五利將軍天士將軍地士將軍大通將軍爲四也居月餘得四印佩天士將軍地士將

軍大通將軍印制詔御史昔禹疏九江決四瀆
閒者河溢皐陸隄繇不息朕臨天下二十有八
年徐廣曰元鼎四年也天若遺朕士而大通焉乾稱蜚龍
鴻漸于般朕意庶幾與焉其以二千戶封地士
將軍大爲樂通侯賜列侯甲第僮千人乘轝斥
車馬帷帳器物以充其家又以衛長公主妻之
索隱曰衛子夫之子曰衛太子女曰衛長公主是衛后長女也非如帝姊曰長公主之例也齎金萬
斤更命其邑曰當利公主索隱曰地理志東萊有當利縣天子親
如五利之第使者存問供給相屬於道自大主
徐廣曰武帝姑將相以下皆置酒其家獻遺之於是天子

又刻玉印曰天道將軍使使衣羽衣夜立白茅
上五利將軍亦衣羽衣夜立白茅上受印以示
不臣也而佩天道者且爲天子道天神也於是
五利常夜祠其家欲以下神神未至而百鬼集
矣然頗能使之其後裝治行東入海求其師云
大見數月佩六印索隱曰更加樂通侯及天道將軍印爲六印貴震天
下而海上燕齊之閒莫不搤捥而自言有禁方
能神僊矣其夏六月中汾陰巫錦爲民祠魏脽
后土營旁見地如鉤狀掊視得鼎鼎大異於衆
鼎文鏤無款識怪之言吏吏告河東太守勝勝

以聞天子使使驗問巫得鼎無姦詐乃以禮祠
迎鼎至甘泉從行上薦之至中山 徐廣曰河渠書曰鑿涇水自中山西 曣嗢有黃雲蓋焉有鹿過上自射之因以祭
云 徐廣曰上言從行上薦之或者祭鼎也 至長安公卿大夫皆議請尊
寶鼎天子曰間者河溢歲數不登故巡祭后土
祈為百姓育穀今歲豐廡未報鼎曷為出哉有
司皆曰聞昔泰帝興神鼎一 索隱曰孔文祥云泰帝太昊也 一者
壹統天地萬物所繫終也黃帝作寶鼎三象天
地人禹收九牧之金鑄九鼎皆嘗亨鬺 徐廣曰鬺亨煑也音殤皆嘗以亨牲牢而祭祀 上帝鬼神遭聖則興鼎遷于夏商

周德衰宋之社亡鼎乃淪沒伏而不見頌云自
堂徂基自羊徂牛鼐鼎及鼒不吳不驁胡考
之休今鼎至甘泉光潤龍變承休無疆合茲中
山 徐廣曰關中亦復有中山也非魯中山 有黃白雲降蓋若獸為符
路弓乘矢集獲壇下報祠大享 徐廣曰一云大報祠享 唯
受命而帝者心知其意而合德焉鼎宜見於祖
禰藏於帝廷以合明應制曰可入海求蓬萊者
言蓬萊不遠而不能至者殆不見其氣上乃遣
望氣佐候其氣云其秋上幸雍且郊或曰五帝
太一之佐也宜立太一而上親郊之上疑未定齊

人公孫卿曰今年得寶鼎其冬辛巳朔旦冬至與黃帝時等卿有札書曰黃帝得寶鼎宛朐問於鬼臾區鬼臾區對曰黃帝得寶鼎神策是歲己酉朔旦冬至得天之紀終而復始於是黃帝迎日推策後率二十歲復朔旦冬至凡二十推三百八十年黃帝僊登于天卿因所忠欲奏之所忠視其書不經疑其妄書謝曰寶鼎事已決矣尚何以爲卿因嬖人奏之上大說乃召問卿對曰受此書申公申公已死上曰申公何人也卿曰申公齊人與安期生通受黃帝言無書獨

有此鼎書曰漢興復當黃帝之時曰漢之聖者在高祖之孫且曾孫也寶鼎出而與神通封禪封禪七十二王唯黃帝得上太山封申公曰漢主亦當上封上封則能僊登天矣黃帝時萬諸侯而神靈之封居七千索隱曰韋昭云黃帝時萬國以其修神靈得封者七千國或爲七十國樂彥云以舜爲神明之後封嬀滿於陳之類是也顓氏案國語仲尼云山川之守足以紀綱天下者其守爲神汪芒氏之君守封禺之山也天下名山八而三在蠻夷五在中國中國華山首山太室太山東萊此五山黃帝之所常游與神會黃帝且戰且學仙患百姓非其道者乃斷斬非鬼神者索隱曰謂有非毀鬼神之人乃斷理而誅斬之

百餘歲然後得與神通黃帝郊雍上帝宿三月鬼臾區號大鴻死葬雍故鴻冢是也其後黃帝接萬靈明廷明廷者甘泉也所謂寒徐廣曰一作塞門者谷口也黃帝采首山銅鑄鼎於荊山下鼎既成有龍垂胡髯下迎黃帝索隱曰說文云胡牛垂頷也釋名云胡在咽下垂者則所謂龍胡也黃帝上騎羣臣後宮從上者七十餘人龍乃上去餘小臣不得上乃悉持龍髯龍髯拔墮墮黃帝之弓百姓仰望黃帝既上天乃抱其弓與胡髯號故後世因名其處曰鼎湖其弓曰烏號於是天子曰嗟乎吾誠得如黃帝吾視

去妻子如脫躧耳乃拜卿為郎東使候神於太室上遂郊雍至隴西西登崆峒幸甘泉令祠官寬舒等具太一祠壇祠壇放薄忌太一壇壇三垓徐廣曰階次也五帝壇環居其下各如其方黃帝西南除八通鬼道太一其所用如雍一畤物而加醴棗脯之屬殺一貍牛以為俎豆牢具而五帝獨有俎豆醴進其下四方地為醊食羣臣從者及北斗云已祠胙餘皆燎之其牛色白鹿居其中彘在鹿中水而洎之徐廣曰洎一作酒灌水於釜中曰洎音冀祭日以牛祭月以羊彘特索隱曰樂彥云祭日以太牢月以少牢特不用牝也小顏云牛

羊若彘止一牲故云特也太一祝宰則衣紫及繡五帝各如其色日赤月白十一月辛巳朔旦冬至昧爽天子始郊拜太一朝朝日夕夕月則揖而見太一如雍郊禮其贊饗曰索隱曰韋氏云饗祀祠也漢舊儀云贊饗一人秩六百石是也天始以寶鼎神策授皇帝朔而又朔終而復始皇帝敬拜見焉而衣上黃其祠列火滿壇壇旁亨炊具有司云祠上有光焉公卿言皇帝始郊見太一雲陽有司奉瑄玉嘉牲薦饗是夜有美光及晝黃氣上屬天太史公祠官寬舒等曰神靈之休祐福兆祥宜因此地光域立太畤壇以明

應令太祝領秋及臘閒祠三歲天子一郊見其秋為伐南越告禱太一以牡荊畫幡日月北斗登龍以象太一三星為太一鋒徐廣曰天官書曰天極星明者太一常居也斗口三星曰太一命曰靈旗為兵禱則太史奉以指所伐國而五利將軍使不敢入海之太山祠上使人隨驗實毋所見五利妄言見其師其方盡多不讎索隱曰鄭德云相應為讎謂其言語不相應無驗也上乃誅五利其冬公孫卿候神河南言見僊人跡緱氏城上有物如雉往來城上天子親幸緱氏城視跡問卿得毋效文成五利乎卿曰僊者非有求人主人主

者求之其道非少寬假神不來言神事事如迂誕積以歲乃可致也於是郡國各除道繕治宮觀名山神祠所以望幸也其春既滅南越上有嬖臣李延年以好音見上善之下公卿議曰民閒祠尚有鼓舞樂今郊祠而無樂豈稱乎公卿曰古者祠天地皆有樂而神祇可得而禮或曰太帝使素女鼓五十弦瑟悲帝禁不止故破其瑟爲二十五弦於是塞南越禱祠太一后土始用樂舞益召歌兒作二十五弦徐廣曰瑟必及空侯徐廣曰應劭云武帝令樂人侯調始造此器琴瑟自此起其來年冬上議

曰古者先振兵釋旅徐廣曰古釋字作澤然後封禪乃遂北巡朔方勒兵十餘萬還祭黃帝冢橋山釋兵須如徐廣曰須一作涼上曰吾聞黃帝不死今有冢何也或對曰黃帝已僊上天羣臣葬其衣冠既至甘泉爲且用事太山先類祠太一自得寶鼎上與公卿諸生議封禪封禪用希曠絕莫知其儀禮而羣儒采封禪尚書周官王制之望祀射牛事齊人丁公年九十餘曰封禪者合不死之名也秦皇帝不得上封陛下必欲上稍上即無風雨遂上封矣上於是乃令諸儒習射牛草封禪

儀數年至且行天子既聞公孫卿及方士之言黄帝以上封禪皆致怪物與神通欲放黄帝以上接神僊人蓬萊士高世比德於九皇而頗采儒術以文之羣儒既已不能辨明封禪事又牽拘於詩書古文而不能騁上爲封禪祠器示羣儒羣儒或曰不與古同徐偃又曰太常諸生行禮不如魯善周霸屬圖封禪事於是上絀偃霸而盡罷諸儒不用三月遂東幸緱氏禮登中岳太室從官在山下聞若有言萬歲云問上上不言問下下不言於是以三百戶封太室奉祠命曰崇高邑東上太山太山之草木葉未生乃令人上石立之太山巔上遂東巡海上行禮祠八神齊人之上疏言神怪奇方者以萬數然無驗者乃益發船令言海中神山者數千人求蓬萊神人公孫卿持節常先行候名山至東萊言夜見大人長數丈就之則不見見其跡甚大類禽獸云羣臣有言見一老父牽狗言吾欲見巨公已忽不見上即見大跡未信及羣臣有言老父則大以爲僊人也宿留海上予方士傳車及閒使求僊人以千數四月還至奉高上念諸儒

及方士言封禪人人殊不經難施行天子至梁父禮祠地主乙卯令侍中儒者皮弁薦紳射牛行事封太山下東方如郊祠太一之禮封廣丈二尺高九尺其下則有玉牒書書秘禮畢天子獨與侍中奉車子侯上太山亦有封其事皆禁明日下陰道丙辰禪太山下阯東北肅然山如祭后土禮天子皆親拜見衣上黃而盡用樂焉江淮閒一茅三脊為神藉五色土益雜封縱遠方奇獸蜚禽及白雉諸物頗以加禮兕牛犀象之屬不用皆至太山祭后土封禪祠其夜若有

光晝有白雲起封中天子從禪還坐明堂羣臣更上壽於是制詔御史朕以眇眇之身承至尊兢兢焉懼不任維德菲薄不明于禮樂脩祠太一若有象景光屑如有望震於怪物欲止不敢遂登封太山至于梁父而後禪肅然自新嘉與士大夫更始賜民百戶牛一酒十石加年八十孤寡布帛二匹復博奉高蛇丘歷城無出今年租稅其大赦天下如乙卯赦令行所過毋有復作事在二年前皆勿聽治又下詔曰古者天子五載一巡狩用事太山諸侯有朝宿地其令諸

侯名治邸太山下天子既已封太山無風雨災
而方士更言蓬萊諸神若將可得於是上欣然
庶幾遇之乃復東至海上望冀遇蓬萊焉奉車
子侯暴病一日死索隱曰新論云武帝出璽印石財有兆朕子侯則没印帝畏惡故殺之風俗通亦云然顧胤案武帝集帝與子侯家語云道士皆言子侯得仙不足悲此說是也上乃遂
去並海上北至碣石巡自遼西歷北邊至九原
五月反至甘泉有司言寶鼎出為元鼎以今年
為元封元年其秋有星茀于東井後十餘日有
星茀于三能望氣王朔言候獨見填星出如瓜
食頃復入焉有司皆曰陛下建漢家封禪天其

報德星云索隱曰樂彥包愷並作旗星旗星即德星也符瑞圖云旗星之極芒艶如旗本亦作旗也
其來年冬郊雍五帝還拜祝祠太一贊饗曰德
星昭衍厥維休祥壽星仍出淵耀光明信星昭
見皇帝敬拜太祝之享其春公孫卿言見神人
東萊山若云欲見天子天子於是幸緱山城拜
卿為中大夫遂至東萊宿留之數日無所見見
大人跡云復遣方士求神怪采芝藥以千數是
歲旱於是天子既出無名乃禱萬里沙過祠太
山還至瓠子自臨塞決河留二日沈祠而去使
二卿將卒塞決河徙二渠復禹之故跡焉是時

既滅兩越越人勇之乃言越人俗鬼而其祠皆見鬼數有效昔東甌王敬鬼壽百六十歲後世怠[illegible]故衰耗乃令越巫立越祝祠安臺無壇亦祠天神上帝百鬼而以雞卜上信之越祠雞卜始用公孫卿曰僊人可見而上往常遽以故不見今陛下可爲觀如緱城徐廣曰一云如緱氏城置脯棗神人宜可致也且僊人好樓居於是上令長安則作蜚廉桂觀甘泉則作益延壽觀索隱曰小顏以爲作益壽延壽二館漢武故事云作延壽觀高二十丈使卿持節設具而候神人乃作通天莖臺徐廣曰在甘泉○索隱曰漢書並無莖字疑衍也置祠具其

下將招來僊神人之屬於是甘泉更置前殿始廣諸宮室夏有芝生殿房內中徐廣曰元封二年天子爲塞河興通天臺若見有光云乃下詔甘泉房中生芝九莖赦天下毋有復作其明年伐朝鮮夏旱公孫卿曰黃帝時封則天旱乾封三年上乃下詔曰天旱意乾封乎其令天下尊祠靈星焉其明年上郊雍通回中道巡之春至鳴澤從西河歸其明年冬上巡南郡至江陵徐廣曰元封五年而東登禮灊之天柱山號曰南岳浮江自尋陽出樅陽過彭蠡禮其名山川北至琅邪並海上

四月中至奉高脩封焉初天子封太山太山東北趾古時有明堂處處險不敞上欲治明堂奉高旁未曉其制度濟南人公玉帶上黃帝時明堂圖明堂圖中有一殿四面無壁以茅蓋通水圜宮垣爲複道上有樓從西南入命曰昆侖天子從之入以拜祠上帝焉於是上令奉高作明堂汶上 徐廣曰在元封二年秋 如帶圖及五年脩封則祠太一五帝於明堂上坐令高皇帝祠坐對之祠后土於下房以二十太牢天子從昆侖道入始拜明堂如郊禮禮畢燎堂下而上又上泰山自

有秘祠其巔而太山下祠五帝各如其方黃帝并赤帝而有司侍祠焉山上舉火下悉應之其後二歲十一月甲子朔旦冬至推曆者以本統天子親至太山以十一月甲子朔旦冬至日祠上帝明堂毋脩封禪 徐廣曰常五年一脩耳今適二年故但祠於明堂 其贊饗曰天增授皇帝太元神策周而復始皇帝敬拜太一東至海上考入海及方士求神者莫驗然益遣冀遇之十一月乙酉柏梁烖十二月甲午朔上親禪高里祠后土臨勃海將以望祀蓬萊之屬冀至殊廷焉上還以柏梁烖故朝受計

甘泉公孫卿曰黃帝就青靈臺十二日燒黃帝
乃治明廷明廷甘泉也方士多言古帝王有都
甘泉者其後天子又朝諸侯甘泉甘泉作諸侯
邸勇之乃曰越俗有火烖復起屋必以大用勝
報之於是作建章宮度爲千門萬户前殿度高
未央其東則鳳闕高二十餘丈其西則唐中數
十里虎圈其北治大池漸臺高二十餘丈命曰
太液池中有蓬萊方丈瀛洲壺梁象海中神山
龜魚之屬其南有玉堂壁門大鳥之屬乃立神
明臺井幹樓度五十丈輦道相屬焉夏漢改曆

以正月爲歲首而色上黃官名更印章以五字
爲太初元年是歲西伐大宛蝗大起丁夫人雒
陽虞初等以方祠詛匈奴大宛焉其明年有司
上言雍五畤無牢孰具芬芳不備乃令祠官進
畤犢牢具色食所勝而以木寓馬代駒焉獨五
月嘗駒行親郊用駒及諸名山川用駒者悉以
木寓馬代行過乃用駒他禮如故其明年東巡
海上考神僊之屬未有驗者方士有言黃帝時
爲五城十二樓以候神人於執期命曰迎年上
許作之如方命曰明年上親禮祠上帝焉公玉

帶曰黃帝時雖封太山然風后封巨岐伯令黃
帝封東太山禪凡（徐廣曰一作丸）山合符然後不死焉
天子既令設祠具至東太山太山卑小不稱其
聲乃令祠官禮之而不封禪焉其後令帶奉祠
候神物夏遂還太山脩五年之禮如前而加以
禪祠石閭石閭者在太山下阯南方方士多言
此僊人之閭也故上親禪焉其後五年復至太
山脩封（徐廣曰天漢三年）還過祭恒山今天子所興祠
太一后土三年親郊祠建漢家封禪五年一脩
封薄忌太一及三一冥羊馬行赤星五寬舒之
祠官以歲時致禮（索隱曰郊祀志云祠官寬舒議祠后土為五壇故謂之五寬舒祠官也）
凡六祠皆太祝領之至如八神諸明年凡山
他名祠行過則祠行去則已方士所興祠各自
主其人終則已祠官不主他祠皆如其故今上
封禪其後十二歲而還遍於五岳四瀆矣而方
士之候伺神人入海求蓬萊終無有驗而公孫
卿之候神者猶以大人之跡為解無有效天子
益怠厭方士之怪迂語矣然羈縻不絕冀遇其
真自此之後方士言神祠者彌眾然其效可睹
矣

太史公曰余從巡祭天地諸神名山川而封禪焉入壽宮侍祠神語究觀方士祠官之意於是退而論次自古以來用事於鬼神者具見其表裏後有君子得以覽焉若至俎豆珪幣之詳獻酬之禮則有司存

索隱述贊曰禮載升中書稱肆類古今盛典皇王能事登封報天降禪除地飛英騰實金泥石記漢承遺緒斯道不墜仙閭肅然揚休勒誌

封禪書第六　史記二十八

河渠書第七　史記二十九

夏書曰禹抑鴻水十三年過家不入門索隱曰抑音憶抑者
遏也洪水滔天故禹遏之不令害人也漢書溝洫志作堙堙抑皆塞也陸行載車水行
載舟泥行蹈毳山行即橋徐廣曰橋近遙反一作檋檋直轅車也音己足反尸
子曰山行乘樏音力追反尸子又曰行塗以楯行險以撮行沙以軌又曰乘風車音去喬反。索隱曰毛毳字亦作橇
同音昌芮反汪以撮子芮反又子絶反與蕝音同也以別九州隨山浚川任土
作貢通九道陂九澤正義曰顏師古云通九州之道及障遏其澤也度九
山正義曰度田洛反釋名云山者產也治水以志九州山澤所生物產言於地所宜商而度之以制貢賦然
河菑衍溢害中國也尤甚唯是爲務故道河自
積石歷龍門正義曰在同州韓城縣北五十里爲鑿廣八十步南到華陰正義

曰華陰縣也魏之陰晉秦惠文王更名寧秦漢高帝改曰華陰也東下砥柱正義曰底柱山俗名
三門山在硤石縣東北五十里在河之中也及孟津正義曰在洛州河陽縣南門外也雒汭
至于大邳正義曰孔安國云山再城曰邳按在衛州黎陽縣南七里也於是禹以
爲河所從來者高水湍悍韋昭曰湍疾悍彊也難以行平
地數爲敗乃厮二渠以引其河漢書音義曰厮分也二渠其一出貝
丘西南二折者也其一則漯川。索隱曰厮漢書作灑史記舊本亦作灑字從水按韋昭云疏決爲釃字音疏跬反
厮即分其流泄其怒是也二渠其一則漯川其二王莽時遂空也北載之高地過降
水正義曰絳水源出潞州屯留縣西南方山東北至于大陸正義曰大陸澤在邢州及趙州界一
名廣河澤一名鉅鹿澤也播爲九河正義曰言過絳水及大陸水之口至兾州分爲九河也同
爲逆河入于勃海瓚曰禹貢曰夾右碣石入于海然則河口之入海乃在碣石也武帝

元光二年河徙東郡更注勃海禹時不注勃海也九川既疏九澤既灑諸
夏艾安功施于三代自是之後滎陽下引河東
南爲鴻溝索隱曰楚漢中分之界文穎云即今官度水也蓋爲二流一南經陽武爲官度水一
東經大梁城即河溝今之汴河是也以通宋鄭陳蔡曹衛與濟汝淮
泗會于楚西方則通渠漢水雲夢之野東方則
通鴻溝江淮之閒於吳則通渠三江五湖韋昭曰五湖湖
名耳實一湖今太湖是也在吳西南○索隱曰三江按地理志北江從會稽毗陵縣北東入海中江從丹陽蕪湖縣
東北至會稽陽羨縣東入海南江從會稽吳縣南東入海故禹貢有北江中江也五湖者郭璞江賦云具區兆滆彭
蠡青草洞庭又云太湖周五百里故曰五湖也於齊則通菑濟之閒於蜀
蜀守冰漢書曰冰姓李鑿離碓晉灼曰古堆字辟沫水之害索隱

曰辟音避沫音末案說文云沫水出蜀西南徼外與青衣合東南入海也穿二江成都之
中正義曰括地志云大江一名汶江一名管橋水一名清江亦名水江西南自溫江縣界流來又云郫江一名成
都江一名市橋江亦名中日江亦曰內江西北自新繁縣界流來二江並在益州成都縣界杜預益州記云二江者
郫江流江也風俗通云秦昭王使李冰爲蜀守開成都縣兩江溉田萬頃神須取女二人以爲婦冰自以爲女與神
婚徑至祠勸神酒酒杯澹澹因厲聲責之因忽不見良久有兩蒼牛鬭於江岸有閒輙還流汗謂官屬曰吾鬭疲極
不當相助耶南向腰中正白者我綬也主簿刺殺北面者江神遂死華陽國志云蜀時灌錦流江中則鮮明也此
渠皆可行舟有餘則用溉浸百姓饗其利至于
所過往往引其水益用溉田疇之渠以萬億計
然莫足數也西門豹引漳水溉鄴正義曰括地志云漳水一名濁
漳水源出潞州長子縣西力黃山地理志云濁漳水出長子鹿谷山東至鄴入清漳按力黃鹿谷一山壯鹿也鄴相

州之縣也以富魏之河內而韓聞秦之好興事欲罷之毋令東伐如淳曰欲罷能勞之息秦伐韓之計乃使水工鄭國韋昭曰鄭國能治水故曰水工閒說秦令鑿涇水自中山西邸瓠口爲渠索隱曰小顏云中音仲即今九嵕山之東中山是也邸至也瓠口即谷口郊祀志所謂寒門谷口是也與池陽相近故曰田於何所池陽谷口也。正義曰括地志云中一名仲山在雍州雲陽縣西十五里又云焦穫藪亦名瓠在涇陽北城外也抵至也至渠首起雲陽縣西南二十五里今枯也並北山東注洛徐廣曰出馮翊懷德縣三百餘里欲以溉田中作而覺秦欲殺鄭國鄭國曰始臣爲閒然渠成亦秦之利也索隱曰溝洫志鄭國曰臣爲韓延數歲之命爲秦建萬代之功是也秦以爲然卒使就渠渠就用注填閼之水溉澤鹵之地四萬餘頃索隱曰溉音古代反澤一作舄音昔本或作斥則如字讀之收皆畝一鍾於是關中爲沃野無凶年秦以富彊卒并諸侯因命曰鄭國渠漢興三十九年孝文時河決酸棗東潰金隄正義曰括地志云金隄一名千里隄在白馬縣東五里於是東郡大興卒塞之其後四十有餘年今天子元光之中而河決於瓠子東南注鉅野正義曰括地志云鄆州鉅野縣東北大澤是通於淮泗於是天子使汲黯鄭當時興人徒塞之輒復壞是時武安侯田蚡爲丞相其奉邑食鄃索隱曰鄃音輸韋昭云清河縣也。正義曰貝州縣也鄃居河北河決而南則鄃無水菑邑收多蚡言於上曰江河之決皆天

事未易以人力爲彊塞塞之未必應天而望氣
用數者亦以爲然於是天子久之不事復塞也
是時鄭當時爲大農言曰異時關東漕粟從渭
中上度六月而罷而漕水道九百餘里時有難
處引渭穿渠起長安並南山下至河三百餘里
徑易漕度可令三月罷而渠下民田萬餘頃又
可得以漑田此損漕省卒而益肥關中之地得
穀天子以爲然令齊人水工徐伯表索隱曰舊說徐伯表水工姓名也小顏云以爲表者巡行穿渠之處而表記之若今豎標表不是名也
悉發卒徐廣曰一云悉衆
數萬人穿漕渠三歲而通通以漕大便利其

後漕稍多而渠下之民頗得以漑田矣其後河
東守番係言漕從山東西索隱曰番音婆又音潘詩小雅云番維司徒番氏也係音系從山東西者謂從山東運漕而西入關也
歲百餘萬石更砥柱之限
敗亡甚多而亦煩費穿渠引汾正義曰括地志云汾水源出嵐州靜樂縣北百三十里管涔山北東南流入并州即西南流入至絳州蒲州入河也
漑皮氏正義曰括地志云皮氏故城在絳州龍門縣西百三十步自秦漢魏晉皮氏縣皆治也
汾陰正義曰括地志云汾陰故城俗名殷湯城在蒲州汾陰縣北九里漢汾陰縣
下引河漑汾陰蒲坂下度
可得五千頃五千頃故盡河壖韋昭曰壖音而緣反謂緣河邊地。索隱曰又音人兗反
棄地民茭牧其中耳索隱曰茭乾草也謂收茭及牧畜於中
今漑田之度可得穀二百萬石以上穀從渭上

與關中無異而砥柱之東可無復漕天子以爲然發卒數萬人作渠田數歲河移徙渠不利則田者不能償種久之河東渠田廢予越人令少府以爲稍入如淳曰時越人有徙者以田與之其租税入少府。索隱曰其田既薄越人徙居者習水利故與之而稍少其税入之於少府也其後人有上書欲通褒斜道韋昭曰褒中縣也斜谷名音邪瓚曰褒斜二水名。正義曰括地志云褒谷在梁州褒城縣北五十里斜水源出褒城縣西北九十八里衙嶺山與褒水同源而派流漢書溝洫志云褒水通河斜水通渭皆以行船是也按褒城即褒中縣也及漕事下御史大夫張湯湯問其事因言抵蜀從故道正義曰括地志云鳳州兩當縣本漢故道縣也在州之西五十里故道多阪回遠今穿褒斜道少阪近四百里而褒水

通沔斜水通渭皆可以行船漕漕從南陽正義曰南陽郡今鄧州上沔入褒褒之絕水至斜間百餘里以車轉從斜下下渭如此漢中之穀可致山東從沔無限正義曰限言多也山東謂河南之東山南之東及江南淮南皆經砥柱之運今並從沔便於三門之漕也便於砥柱之漕且褒斜材木竹箭之饒擬於巴蜀天子以爲然拜湯子卬爲漢中守發數萬人作褒斜道五百餘里道果便近而水湍石徐廣曰湍一作浚不可漕其後莊熊羆言臨晉正義曰括地志云同州本臨晉城也一名大荔城亦曰馮翊城民願穿洛以溉重泉正義曰洛漆沮水也括地志云重泉故城在同州蒲城縣東南四十五里在同州西北四十五里以東萬餘頃

攻鹵地誠得水可令畝十石於是為發卒萬餘
人穿渠自徵引洛水至商顏下服虔曰顏音崖應劭曰徵在馮翊或
曰商商顏山名。索隱曰徵音懲縣名地小顏云即今之澄城也顏又如字岸善崩如淳曰洛水岸
。正義曰言商原之崖岸土性疏故善崩毀也乃鑿井深者四十餘丈往
往為井井下相通行水水頹以絕商顏瓚曰下流曰頹
東至山嶺十餘里閒井渠之生自此始穿渠得
龍骨正義曰括地志云伏龍祠在同州馮翊縣西北四十里故老云漢時自徵穿渠引洛得龍骨其後立
祠因以伏龍為名今祠頗有靈驗也故名曰龍首渠作之十餘歲渠
頗通猶未得其饒自河決瓠子後二十餘歲歲
因以數不登而梁楚之地尤甚天子既封禪巡

祭山川其明年旱乾封少雨天子乃使汲仁郭
昌發卒數萬人塞瓠子決於是天子已用事萬
里沙正義曰括地志云萬里沙在華州接縣東北二十里也則還自臨決河沈
白馬玉璧于河令羣臣從官自將軍已下皆負
薪寘決河是時東流郡燒草以故薪柴少而下
淇園之竹晉灼曰衛之苑也多竹篠以為楗如淳曰樹竹塞水決之口稍稍布插接樹
之水稍弱補令密謂之楗以草塞其裏乃以土填之有石以石為之。索隱曰楗音其免反楗者樹於水中稍下竹
及土石者也天子既臨河決悼功之不成乃作歌曰瓠
子決兮將奈何皓皓旰旰兮閭殫為河如淳曰殫盡也顏謂
州閭盡為河殫為河兮地不得寧功無已時兮吾山

平徐廣曰東郡東阿有魚山或者是乎駰案如淳曰恐水漸山使平也韋昭曰鑿山以填河也吾山平兮鉅野溢如淳曰瓠子決灌鉅野澤使溢也魚沸鬱兮柏冬日徐廣曰柏猶迫也冬日行天邊若與水相連矣駰案漢書音義曰鉅野滿溢則衆魚沸鬱而滋長也迫冬日乃止延道弛兮離常流徐廣曰延一作正駰案晉灼曰言河道皆弛壞。索隱曰言河之決由其源道延長弛溢故使其道皆離常流也蛟龍騁兮方遠遊歸舊川兮神哉沛瓚曰水還舊道則羣害消除神祐滂沛不封禪兮安知外爲我謂河伯兮何不仁泛濫不止兮愁吾人齧桑浮兮淮泗滿張晏曰齧桑地名也如淳曰邑名爲水所浮漂久不反兮水維緩一曰河湯湯兮激潺湲北渡迂兮浚流難搴長茭兮沈美玉如淳曰搴取也茭草也音郊一曰茭芋也取長芋樹之用著石間以塞決河瓚曰竹葦絙謂之茭下所以引致土石者也。索隱曰搴音已免反茭一作茇音廢鄒氏又音緋也河伯許兮薪不屬如淳曰旱燒故薪不足薪不屬兮衛人罪燒蕭條兮噫乎何以禦水頽林竹兮揵石菑如淳曰河決揵不能禁故言菑韋昭曰揵柱也木立死曰菑宣房塞兮萬福來

於是卒塞瓠子築宮其上名曰宣房宮而道河北行二渠復禹舊迹而梁楚之地復寧無水灾自是之後用事者爭言水利朔方西河河西酒泉皆引河及川谷以溉田而關中輔渠靈軹如淳曰地理志盩厔有靈軹渠。索隱曰案溝洫志兒寬爲左內史奏請穿六輔渠小顏云今尚謂之輔渠亦曰六渠也引堵水徐廣曰一作諸川汝南九江引淮東海引鉅定

瓚曰鉅定澤名太山下引汶水皆穿渠爲溉田各萬餘頃佗小渠披山通道者不可勝言然其著者在宣房

太史公曰余南登盧山觀禹疏九江遂至于會稽太湟徐廣曰一作湿上姑蘇望五湖東闚洛汭大邳迎河行淮泗濟漯洛渠西瞻蜀之岷山及離碓北自龍門至于朔方曰甚哉水之爲利害也余從負薪塞宣房悲瓠子之詩而作河渠書徐廣曰溝洫志行田二百畝分賦田與一夫二百畝以田惡故更歲耕之

索隱述贊曰水之利害自古而然禹疏溝洫隨山濬川爰洎後世非無聖賢鴻溝既劃龍骨斯穿填閼攸墾黎蒸有年宣房在詠梁楚獲全

河渠書第七　史記二十九

平準書第八　史記三十

漢書百官表曰大司農屬官有平準令○索隱曰大司農屬官有平準令丞者以鈞天下郡國輸斂貴則糶之賤則買之平賦以相準輸歸于京都故命曰平準

漢興接秦之弊丈夫從軍旅老弱轉糧饟作業劇而財匱自天子不能具鈞駟索隱曰天子駕駟馬其色宜齊同今言國家貧天子不能具鈞色之駟馬漢書作醇駟醇與純一色也或作騂非也而將相或乘牛車齊民無藏蓋如淳曰齊等無有貴賤故謂之齊民若今言平民矣晉灼曰中國被教之民也蘇林曰無物可蓋藏於是爲秦錢重難用更令民鑄錢漢書食貨志曰鑄榆莢錢○索隱曰顧氏案古今注云秦錢半兩徑寸二分重十二銖莢錢重三銖錢譜云文爲漢興也一黃金一斤索隱曰如淳云時以錢爲貨黃金一斤直萬錢非也又臣瓚下注云秦以一溢爲一金漢以一斤爲一金是其義約法省禁而不軌逐利之民蓄積餘業以稽市物物踊騰糶李奇曰稽貯也如淳曰稽考也考校市物價貴賤有時晉灼曰踊甚也言計市物賤而豫益稸之也物貴而出賣故使物甚騰也漢書糶字作躍○索隱曰李奇云稽貯滯韋昭云稽留待也稽字當如李韋二釋晉灼及馬融訓稽爲計及考於義爲疎如淳云踊騰猶低昂也低昂者乍貴乍賤也今案漢書糶字作躍躍者謂物踊貴而價起有如物之騰躍而起也然糶者出賣之名故食貨志云大熟則上糶三而舍一是也米至石萬錢馬一匹則百金瓚曰秦以一溢爲一金漢以一斤爲一金天下已平高祖乃令賈人不得衣絲乘車重租稅以困辱之孝惠高后時爲天下初定復弛商賈之律然市井之子孫亦不得仕宦爲吏量吏祿度官用以賦於民而山川園

池市井（正義曰古人未有市及井若朝聚井汲水便將貨物於井邊貨賣故言市井）租稅之入自天子以至于封君湯沐邑皆各為私奉養焉不領於天下之經費（索隱曰案經訓常言封君已下皆以湯沐邑為私奉養故不領入天子之常稅為一年之費也）漕轉山東粟以給中都官（索隱曰說文云漕水轉穀也一云車運曰轉水運曰漕中都猶都內也皆天子之倉府以給中都官者即今大倉以穡官儲者也）歲不過數十萬石至孝文時莢錢益多輕（如淳曰如榆莢也）乃更鑄四銖錢其文為半兩令民縱得自鑄錢故吳諸侯也以即山鑄錢（索隱曰案即訓就言就出銅之山鑄錢故下文云節名銅山是也一解即山山名也）富埒天子（徐廣曰埒者際畔言鄰接相次也駰案孟康曰富與天子等而微減也或曰埒等也）其後卒以叛逆鄧通大夫

也以鑄錢財過王者故吳鄧氏錢布天下而鑄錢之禁生焉匈奴數侵盜北邊屯戍者多邊粟不足給食當食者於是募民能輸及轉粟於邊者拜爵爵得至大庶長（索隱曰漢書食貨志云文帝用晁錯言令人入粟邊六百石爵上造稍增至四千石為五大夫萬二千石為大庶長各以多少為差）孝景時上郡以西旱亦復修賣爵令而賤其價以招民及徒復作得輸粟縣官以除罪益造苑馬以廣用（索隱曰謂增益苑囿造廄而養馬以廣用則馬是軍國之用也）而宮室列觀輿馬益增修矣至今上即位數歲漢興七十餘年之間國家無事非遇水旱之災民則人給家足都鄙廩庾

皆滿而府庫餘貨財京師之錢累巨萬韋昭曰巨萬今萬萬貫朽而不可校如淳曰校數也大倉之粟陳陳相因充溢露積於外至腐敗不可食衆庶街巷有馬阡陌之間成羣而乘字牝者儐而不得聚會漢書音義曰皆乘父馬有牝馬閒其閒則相踶齧故斥不得出會同守閭閻者食粱肉為吏者長子孫如淳曰時無事吏不數轉至于子孫長大而不轉職任居官者以為姓號如淳曰倉氏庾氏是也○索隱曰案如淳注出食貨志也故人人自愛而重犯法先行義而後絀恥辱焉當此之時網疏而民富役財驕溢或至兼并豪黨之徒以武斷於鄉曲索隱曰鄉曲豪富無官位而以威勢主斷曲直故曰武斷也宗室有土公

卿大夫以下爭于奢侈室廬輿服僭于上無限度物盛而衰固其變也自是之後嚴助朱買臣等招來東甌正義曰烏侯反今台州永寧是也事兩越正義曰南越及閩越南越今廣州南海也閩越今建州建安也江淮之間蕭然煩費矣唐蒙司馬相如開路西南夷鑿山通道千餘里以廣巴蜀巴蜀之民罷焉彭吳賈滅朝鮮置滄海之郡索隱曰彭吳人姓名始開其道而滅之朝鮮番名則燕齊之閒靡然發動及王恢設謀馬邑匈奴絕和親侵擾北邊兵連而不解天下苦其勞而干戈日滋行者齎居者送中外騷擾而相奉百姓抏弊以巧法索隱曰三蒼抏音五

官反鄒氏又音五亂反案抗者耗也消耗之名言百姓貧弊故行巧抵之法也 財賂衰耗而不贍入物者補官出貨者除罪選舉陵遲廉耻相冒武力進用法嚴令具興利之臣自此始也 韋昭曰弘羊孔僅之屬 其後漢將歲以數萬騎出擊胡及車騎將軍衛青取匈奴河南地 正義曰謂靈夏三州地取在元朔二年 築朔方 正義曰今夏州也括地志云夏州秦上郡漢分置朔方郡魏不改隋置夏州也 當是時漢通西南夷道作者數萬人千里負擔餽糧率十餘鍾致一石 漢書音義曰鍾六石四斗 散幣於邛僰以集之 索隱曰應劭云臨邛屬蜀僰屬犍爲 數歲道不通蠻夷因以數攻吏發兵誅之 索隱曰謂發軍興以誅之也 悉巴蜀租賦不足以更之

韋昭曰更續也或曰更償也 乃募豪民田南夷入粟縣官而內受錢於都內 服虔曰入穀於外縣受錢於內府也 東至滄海之郡人徒之費擬於南夷又興十萬餘人築衛朔方轉漕甚遼遠山東咸被其勞費數十百巨萬府庫益虛乃募民能入奴婢得以終身復爲郎增秩及入羊爲郎始於此其後四年 徐廣曰元朔五年 而漢遣大將將六將軍軍十餘萬擊右賢王獲首虜萬五千級明年大將軍將六將軍仍再出擊胡得首虜萬九千級捕斬首虜之士受賜黃金二十餘萬斤虜數萬人皆得厚賞衣食仰給縣官

而漢軍之士馬死者十餘萬兵甲之財轉漕之費不與焉於是大農陳藏錢韋昭曰陳久也經耗賦稅既竭猶不足以奉戰士有司言天子曰朕聞五帝之教不相復而治禹湯之法不同道而王所由殊路而建德一也北邊未安朕甚悼之日者大將軍攻匈奴斬首虜萬九千級留蹛無所食索隱曰蹛音逝謂貯也韋昭音滯蹛謂積也又案古今字詁蹛今滯字則蹛與滯同案謂富人貯滯積穀則貧者無所食也議令民得買爵及贖禁錮免減罪請置賞官命曰武功爵瓚曰茂陵中書有武功爵一級曰造士二級曰閑輿衞三級曰良士四級曰元戎士五級曰官首六級曰秉鐸七級曰千夫八級曰樂卿九級曰執戎十級曰左庶長十一級曰軍衞此武帝所制以寵軍功級十七萬凡直三十餘萬金索隱曰大顏云一金萬錢也計十一級級十七萬合百八十七萬金而此云三十餘萬金其數必有誤者顧氏案或解云初一級十七萬自此已上每級加二萬至十七級合成三十七萬也諸買武功爵官首者試補吏先除索隱曰官首武功爵第五也位稍高故得試爲吏先除用也千夫如五大夫索隱曰千夫武功十一等爵第七五大夫舊二十等爵第九也言千夫爵秩比於五大夫故楊僕以千夫爲吏殆謂此其有罪又減二等爵得至樂卿徐廣曰爵名也駰案漢書音義曰十爵左庶長以上至十八爵爲大庶長也名樂卿樂卿者朝位從九卿加樂者别正卿又十九爵爲樂公食公卿祿而無職索隱曰此言武功置爵唯得至於樂卿也臣瓚所引茂陵書蓋後人記其爵次耳今注稱十爵至十八庶長爲樂卿十九至二十爲樂公乃以舊二十爵釋武功爵蓋亦臆說爾非也大顏亦以爲然以顯軍功軍功多用越等大者封侯卿大夫小者郎吏吏道

雜而多端則官職耗廢自公孫弘以春秋之義繩臣下取漢相張湯用峻文決理爲廷尉於是見知之法生張晏曰吏見知不舉劾爲故縱而廢格沮誹窮治之獄用矣如淳曰廢格天子文法使不行也誹謂非上所行若顏異反脣之比也。索隱曰格音閣沮音才緒反誹音非謂廢格天子之命而不行及沮敗誹謗之者皆被窮治故云廢格沮誹之獄用矣其明年淮南衡山江都王謀反迹見而公卿尋端治之竟其黨與而坐死者數萬人長吏益慘急而法令明察當是之時招尊方正賢良文學之士或至公卿大夫公孫弘以漢相布被食不重味爲天下先然無益於俗稍騖於功利矣其明年

驃騎仍再出擊胡獲首四萬其秋渾邪王率數萬之衆來降於是漢發車二萬乘迎之既至受賞賜及有功之士是歲費凡百餘巨萬初先是往十餘歲河決觀徐廣曰觀縣名也屬東郡光武改曰衛公國梁楚之地固已數困而緣河之郡隄塞河輒決壞費不可勝計其後番係欲省底柱之漕穿汾河渠以爲溉田作者數萬人鄭當時爲渭漕渠回遠鑿直渠自長安至華陰作者數萬人朔方亦穿渠作者數萬人各歷二三期功未就費亦各巨萬十數天子爲伐胡盛養馬馬之來食長安者數

萬匹卒牽掌者關中不足乃調旁近郡而胡降者皆衣食縣官縣官不給天子乃損膳解乘輿駟出御府禁藏以贍之其明年山東被水菑民多飢乏於是天子遣使者虛郡國倉廥（徐廣曰音膾）以振貧民猶不足又募豪富人相貸假尚不能相救乃徙貧民於關以西及充朔方以南新秦中（服虔曰地名在北方千里如淳曰長安已北朔方已南瓚曰秦逐匈奴以收河南地徙民以實之謂之新秦今以地空故復徙民以實之）七十餘萬口衣食皆仰給縣官數歲假予產業使者分部護之冠蓋相望其費以億計不可勝數於是縣官大空而富商大賈或蹛財役貧（漢書音義曰蹛停也一曰貯也○索隱曰蕭該案字林云貯塵也音佇此謂居積停滯塵久也子貢發貯鬻財是也）轉轂百數（李奇曰車也）廢居居邑（徐廣曰廢居者貯畜之名也有所廢有所畜言其乘時射利也駰案服虔曰居轂於邑也如淳曰居賤物於邑中以待貴○索隱曰劉氏云廢出賣也居停蓄也是出賣於居者爲廢故徐氏云有所賣有所畜是也）封君皆低首仰給（晉灼曰低音抵距服虔曰仰給於商賈○索隱曰服虔說是也而劉伯莊以爲封君及大商皆低首營私以自給不佐天子非也）冶鑄煮鹽財或累萬金而不佐國家之急黎民重困於是天子與公卿議更錢造幣以贍用而摧浮淫并兼之徒是時禁苑有白鹿而少府多銀錫自孝文更造四銖錢至是歲四十餘年從建元以來用少縣官往往即多銅山而

鑄錢民亦間盜鑄錢錢不可勝數錢益多而輕如淳曰磨錢取鋊故也瓚曰鑄錢者多故錢輕輕亦賤也物益少而貴如淳曰但鑄作錢不作餘物有司言曰古者皮幣諸侯以聘享金有三等黃金爲上白金爲中赤金爲下漢書音義曰白金銀也赤金丹陽銅○索隱曰說文云銅赤金也注云丹陽銅者神異經云西方金山有丹陽銅也今半兩錢法重四銖韋昭曰文爲半兩實重四銖而姦或盜摩錢裏取鋊徐廣曰音容呂靜曰冶器法謂之鋊錢益輕薄而物貴則遠方用幣煩費不省乃以白鹿皮方尺緣以藻繢徐廣曰藻一作紫也爲皮幣直四十萬王侯宗室朝覲聘享必以皮幣薦璧然後得行又造銀錫爲白金如淳曰雜鑄銀錫爲白金也以

爲天用莫如龍索隱曰易云行天莫如龍是也地用莫如馬索隱曰易云行地莫如馬是也人用莫如龜索隱曰禮云諸侯以龜爲寶是也故白金三品其一曰重八兩圜之其文龍名曰白選直三千索隱曰顧氏案錢譜其文爲龍形隱起肉好皆圜文又作雲霞之象選音蘇林音選擇之選包愷及劉氏音息戀反尚書大傳云夏后氏不殺不刑死罪罰二千饌馬融云饌六兩漢書作撰二字音同也晉灼案黃圖云直三千三百也二曰重差小方之其文馬直五百索隱曰謂以八兩差爲三品此重六兩下小撱重四兩也云以重差小者謂半兩爲重故差小重六兩而其形方錢譜肉好皆方隱起馬形肉好之下又有連珠文也三曰復小撱之其文龜直三百索隱曰撱音湯果反爾雅注撱者狹長也謂長而去四角也錢譜肉圓好方皆隱起龜甲文令縣官銷半兩錢更鑄三銖錢文如其重盜鑄諸金錢罪皆

死而吏民之盜鑄白金者不可勝數於是以東郭咸陽孔僅為大農丞領鹽鐵事索隱曰東郭姓咸陽名也案風俗通東郭牙齊大夫咸陽其後也桑弘羊以計筭用事侍中咸陽齊之大煑鹽孔僅南陽大冶皆致生累千金故鄭當時進言之弘羊雒陽賈人子以心計年十三侍中故三人言利事析秋豪矣索隱曰言百物毫芒至秋皆美細令言弘羊等三人言利事纖悉能分析其秋毫也法既益嚴吏多廢免兵革數動民多買復及五大夫徵發之士益鮮於是除千夫五大夫為吏不欲者出馬故吏皆通適令伐棘上林韋昭曰欲令出馬無馬者令伐棘○索隱曰謂故吏先免者皆適令伐棘上林不謂無馬者韋說非也作昆明池索隱曰案黃圖武帝穿昆明池周四十里以習水戰荀悅云昆明子居滇河中故習水戰以伐之也其明年大將軍驃騎大出擊胡徐廣曰元狩四年得首虜八九萬級賞賜五十萬金漢軍馬死者十餘萬匹轉漕車甲之費不與焉是時財匱戰士頗不得祿矣有司言三銖錢輕易姦詐乃更請諸郡國鑄五銖錢周郭其下令不可磨取鋊焉大農上鹽鐵丞孔僅咸陽言山海天地之藏也皆宜屬少府索隱曰韋昭云少府天子私所給賜經用也公用屬大司農陛下不私以屬大農佐賦願募民自給費因官器作煑鹽官與牢盆如淳曰牢廩食也古者名廩為牢也盆者煑鹽盆○索隱

曰蘇林云牢價直也今世人言雇手牢盆小顏云蘇說是樂彥云牢乃盆名其說異也浮食奇民欲擅管山海之貨張晏曰若人執倉庫之管籥或曰管固○索隱曰包愷音奇音羈謂羈也非農工之儔故言奇也擅音善以致富羨役利細民索隱曰羨音弋戰反羨饒也與衍同義其沮事之議不可勝聽索隱曰沮止也僅等言山海之藏宜屬大農奇人欲擅其利必有沮止之議此不可聽許也敢私鑄鐵器煑鹽者鈦左趾史記音義曰鈦音徒計反韋昭曰鈦以鐵爲之著左趾以代刖也○索隱曰三蒼云鈦踏脚鉗也字林音大計反張斐漢晉律序云狀如跟衣著足足下重六斤以代刖至魏武改以滅代鈦也沒入其器物郡不出鐵者置小鐵官鄧展曰鑄故鐵便屬在所縣使孔僅東郭咸陽乘傳舉行天下鹽鐵作官府除故鹽鐵家富者爲吏吏道益雜不選而多

賈人矣商賈以幣之變多積貨逐利於是公卿言郡國頗被菑害貧民無產業者募徙廣饒之地陛下損膳省用出禁錢以振元元寬貸賦而民不齊出於南畝李奇曰齊皆也商賈滋衆貧者畜積無有皆仰縣官異時筭軺車賈人緡錢皆有差請筭如故李斐曰緡絲也以貫錢也一貫千緡出二十筭也詩云維絲伊緡如淳曰胡公名錢爲緡者詩云氓之蚩蚩抱布貿絲故謂之緡也○索隱曰異時猶前時也說文云軺小車也傅子言漢代賤乘軺今則貴之言筭軺車者有軺車使出稅一筭二筭也緡音旻諸賈人末作貰貸賣買居邑稽諸物索隱曰稽者停留也即上文所謂廢居居邑也及商以取利者雖無市籍各以其物自占索隱曰郭璞云占自隱度也謂各自隱度其財物多

少爲丈簿迭之官也若不盡皆沒入於官占音之瞻反率緡錢二千而一筭瓚曰
此緡錢爲是儲緡錢也故隨其用所施施於利重者其筭亦多諸作有租及鑄如淳曰以
手力所作而賣之率緡錢四千一筭非吏比者三老北邊
騎士如淳曰非吏而得與吏比者官謂三老北邊騎士也樓船令邊郡選富者爲車騎士軺車以
一筭商賈人軺車二筭如淳曰商賈有軺車使出二筭重其賦也船五
丈以上一筭匿不自占占不悉戍邊一歲沒入
緡錢索隱曰悉盡也具也若通其家財一不周悉盡者罰戍邊一歲有能告者以其
半畀之賈人有市籍者及其家屬皆無得籍名
田以便農索隱曰謂賈人有市籍不許以名占田也敢犯令沒入田僮
索隱曰若賈人更占田則沒其田及僕僮皆入之於官天子乃思卜式之言召

拜式爲中郎爵左庶長賜田十頃布告天下使
明知之初卜式者河南人也以田畜爲事親死
式有少弟弟壯式脫身出分獨取畜羊百餘田
宅財物盡予弟式入山牧十餘歲羊致千餘頭
買田宅而其弟盡破其業式輒復分予弟者數
矣是時漢方數使將擊匈奴卜式上書願輸家
之半縣官助邊天子使使問式欲官乎式曰臣
少牧不習仕宦不願也使問曰家豈有冤欲言
事乎式曰臣生與人無分爭式邑人貧者貸之
不善者教順之所居人皆從式式何故見冤於

人無所欲言也使者曰苟如此子何欲而然式曰天子誅匈奴愚以為賢者宜死節於邊有財者宜輸委如此而匈奴可滅也使者具其言入以聞天子以語丞相弘弘曰此非人情不軌之臣不可以為化而亂法願陛下勿許於是上久不報式數歲乃罷式式歸復田牧歲餘會軍數出渾邪王等降縣官費衆倉府空其明年貧民大徙皆仰給縣官無以盡贍卜式持錢二十萬予河南守以給徙民河南上富人助貧人者籍天子見卜式名識之曰是固前而欲輸其家半

助邊乃賜式外繇四百人（漢書音義曰外繇謂戍邊也一人出三百錢謂之過更式歲得十二萬錢也一說在繇役之外得復除四百人）式又盡復予縣官是時富豪皆爭匿財唯式尤欲輸之助費天子於是以式終長者故尊顯以風百姓初式不願為郎上曰吾有羊上林中欲令子牧之式乃拜為郎布衣屩而牧羊（韋昭曰屩草屝）歲餘羊肥息上過見其羊善之式曰非獨羊也治民亦猶是也以時起居惡者輒斥去毋令敗羣上以式為奇拜為緱氏令試之緱氏便之遷為成皋令將漕最上以為式朴忠拜為齊王太傅而孔僅之使天下鑄

作是時二年中拜為大農列於九卿 徐廣曰元鼎三年時丙寅歲
而桑弘羊為大農丞筦諸會計事稍稍置均輸
以通貨物矣 孟康曰謂諸當所輸於官者皆令輸其土地所饒平其所在時價官更於他處賣之輸者既便而官有利漢書百官表大司農屬官有均輸令 始令吏得入穀補官郎
至六百石自造白金五銖錢後五歲赦吏民之
坐盜鑄金錢死者數十萬人其不發覺相殺者
不可勝計赦自出者百餘萬人然不能半自出
天下大抵無慮皆鑄金錢矣 索隱曰抵歸也劉氏云大抵猶大略也案大抵無慮者謂言大略歸於鑄錢更無他事從慮 犯者眾吏不能盡誅取於
是遣博士褚大徐偃等分曹循行郡國 服虔曰分曹職案行

舉兼并之徒守相為吏者而御史大夫張湯方
隆貴用事減宣杜周等為中丞義縱尹齊王溫
舒等用慘急刻深為九卿而直指夏蘭之屬始
出矣而大農顏異誅 徐廣曰元狩四年時壬戌歲也 初異為濟南
亭長以廉直稍遷至九卿上與張湯既造白鹿
皮幣問異異曰今王侯朝賀以蒼璧直數千而
其皮薦反四十萬本末不相稱天子不說張湯
又與異有郤及人有告異以它議事下張湯治
異異與客語客語初令下有不便者 李奇曰異與客語道詔令初下有不便處也
異不應微反脣湯奏當異九卿見令不

便不入言而腹誹論死自是之後有腹誹之法
以此而公卿大夫多諂諛取容矣天子既下緡
錢令而尊卜式百姓終莫分財佐縣官於是楊
可告緡錢縱矣郡國多姦鑄錢索隱曰謂多姦巧雜以鉛錫也錢
多輕而公卿請令京師鑄鍾官赤側如淳曰以赤銅爲其郭也一當五賦
今錢見有赤側者不知作法云何○索隱曰鍾官掌鑄赤側之錢韋昭曰側邊也
官用非赤側不得行漢書音義曰俗所謂紫紺錢也白金稍賤民
不寶用縣官以令禁之無益歲餘白金終廢不
行是歲也張湯死徐廣曰元鼎二年而民不思索隱曰樂彥云諸所廢興
附上罔下皆自湯故人不思也其後二歲赤側錢賤民巧法用之

不便又廢於是悉禁郡國無鑄錢專令上林三
官漢書百官表水衡都尉武帝元鼎二年初置掌上林苑屬官有上林均輸鍾官辨銅令然則上林三官其是此三令乎
鑄錢既多而令天下非三官錢不得行諸
郡國所前鑄錢皆廢銷之輸其銅三官而民之
鑄錢益少計其費不能相當唯真工大姦乃盜
爲之卜式相齊而楊可告緡徧天下瓚曰商賈居積及伎巧之
家非桑農所生出謂之緡茂陵中書有緡田奴婢是也○索隱曰楊姓可名也如淳云告緡令楊可所告言中
家以上大抵皆遇告杜周治之獄少反者如淳曰治匿緡
之罪其獄少有反者○索隱曰反音幡反謂反使從輕也案劉德爲京兆尹每行縣多所平反是也乃分遣
御史廷尉正監分曹索隱曰如淳云曹輩也謂分曹輩而出爲使也往即

治郡國緡錢得民財物以億計奴婢以千萬數田大縣數百頃小縣百餘頃宅亦如之於是商賈中家以上大率破民偷甘食好衣不事畜藏之產業而縣官有鹽鐵緡錢之故用益饒矣益廣關置左右輔徐廣曰元鼎三年丁卯歲徙函谷關於新安東界初大農筦鹽鐵官布多索隱曰布謂泉布置水衡欲以主鹽鐵及楊可告緡錢上林財物衆乃令水衡主上林上林既充滿益廣是時越欲與漢用船戰逐韋昭曰戰鬪馳逐也乃大脩昆明池列觀環之治樓船高十餘丈旗幟加其上索隱曰蓋始穿昆明池欲與滇王戰今乃更大修之將與南越呂嘉戰逐故作樓船於是楊僕有將軍之號又下云因南方樓船卒二十餘萬擊南越也昆明池有豫章館豫章地名以言將出軍於豫章也其壯於是天子感之乃作柏梁臺高數十丈宮室之脩由此日麗乃分緡錢諸官而水衡少府大農太僕各置農官往往即郡縣比沒入田田之索隱曰謂比者所沒入之田也其沒入奴婢分諸苑養狗馬禽獸及與諸官諸官益新置多如淳曰水衡少府太僕司農皆有農官是為多徒奴婢衆而下河漕度四百萬石索隱曰樂彥云度猶運也及官自糴乃足索隱曰謂天子所給廩食者多故不如官自糴乃足也所忠言世家子弟如淳曰世世有祿秩家○索隱曰所忠人姓名服虔云掌故官取書於司馬相如者封禪書公孫卿因所忠言寶鼎是也唯姚察獨以為所患非也富人或鬭雞走狗馬弋

獵博戲亂齊民索隱曰晉灼云中國被教齊整之人也乃徵諸犯令
相引數千人命曰株送徒入財者得補郎郎選
衰矣應劭曰株根本也送引也如淳曰株根蔕也諸坐博戲事決爲徒者能入錢得補郎也或曰先至者爲根。索隱曰李奇云先至者爲魁株也送當作選選引也應李二音是先至之人令之相引似若得其株本則枝葉自窮故曰株送徒又文穎曰凡鬭雞勝者爲株傳云陽溝之雞三歲爲株今則鬭雞走馬者用之因其鬭雞本勝時名故云株選徒者也是時山東被河菑及歲不登數年人
或相食方一二千里天子憐之詔曰江南火耕
水耨應劭曰燒草下水種稻草與稻並生高七八寸因悉芟去復下水灌之草死獨稻長所謂火耕水耨也令飢民得流就食江淮閒欲留之處遣使冠
蓋相屬於道護之下巴蜀粟以振之其明年天

子始巡郡國東度河河東守不意行至不辦自
殺行西踰隴隴西守以行往卒漢書音義曰踰度也卒倉卒天
子從官不得食隴西守自殺於是上北出蕭關
從數萬騎獵新秦中以勒邊兵而歸新秦中或
千里無亭徼如淳曰徼亦卒求盜之屬也晉灼曰徼塞也瓚曰既無亭候又不徼循無衞邊之備也於是誅北地太守以下而令民得畜牧邊縣漢書音義曰令民得畜牧於邊縣也瓚曰先是新秦中千里無民畏寇不敢畜牧令設亭徼故民得畜牧也官
假馬母三歲而歸及息什一以除占緡用充仞
新秦中李奇曰邊有官馬今令民能畜官母馬者滿三歲歸之也及有蕃息與當出緡筭者皆復令居新秦中又充仞之也謂與民母馬令得爲馬種令十母馬還官一駒此爲息什一也瓚曰前以邊用不足故設告緡

（之令設亭徼邊民無警皆得田牧新秦中已充故除告緡不復取於民）既得寶鼎立后土太一祠（徐廣曰元鼎四年立后土五年立太畤）公卿議封禪事而天下郡國皆豫治道橋繕故宮及當馳道縣縣治官儲設供具而望以待幸其明年南越反西羌侵邊為桀於是天子為山東不贍赦天下因南方樓船卒二十餘萬人擊南越數萬人發三河以西騎擊西羌又數萬人度河築令居（索隱曰令音零姚氏音連韋昭云金城縣）初置張掖酒泉郡（徐廣曰元鼎六年）而上郡朔方西河河西開田官斥塞卒（如淳曰塞候斥卒）六十萬人戍田之中國繕道餽糧遠者三千近者千餘里皆仰給大農邊兵不足乃發武庫工官兵器以贍之車騎馬乏絕縣官錢少買馬難得乃著令令封君以下至三百石以上吏以差出牝馬天下亭亭有畜牸馬歲課息齊相卜式上書曰臣聞主憂臣辱南越反臣願父子與齊習船者往死之天子下詔曰卜式雖躬耕牧不以為利有餘輒助縣官之用今天下不幸有急而式奮願父子死之雖未戰可謂義形於內賜爵關內侯金六十斤田十頃布告天下天下莫應列侯以百數皆莫求從軍擊羌越至酎少府省金

如淳曰省視諸侯金有輕有重也或曰至嘗酎飲宗廟時少府視其金多少也而列侯坐酎金
失侯者百餘人如淳曰漢儀注王子為侯侯歲以戶口酎黃金於漢廟皇帝臨受獻金以
助祭大祀日飲酎飲酎受金金少不如斤兩色惡王削縣侯免國○索隱曰劉氏云言列侯多以百而數故坐酎金
失侯者一百六人也乃拜式為御史大夫徐廣曰元鼎六年式既在
位見郡國多不便縣官作鹽鐵鐵器苦惡瓚曰謂作
鐵器民患苦其不好賈貴索隱曰言鹽既苦而器又惡故買賣貴也苦又音古言器苦窳不好凡病之器
云苦窳窳音庾事見本紀苦如字讀亦通或彊令民賣買之而船有算
商者少物貴乃因孔僅言船算事上由是不悅
卜式漢連兵三歲誅羌滅南越番禺以西至蜀
南者置初郡十七徐廣曰南越為九郡駰案晉灼曰元鼎六年定越地以為南海蒼梧

鬱林合浦交阯九眞日南珠崖儋耳郡定西南夷以為武都牂牁越巂沈黎文山郡及地理志西南夷傳所置犍為
零陵益州郡凡十七也且以其故俗治毋賦稅南陽漢中以
往郡各以地比給初郡索隱曰比音鼻南陽漢中已往之郡各以其地比近給初
郡初郡即西南初置之郡也吏卒奉食幣物傳車馬被具索隱曰奉
音扶用反包氏同而初郡時時小反殺吏漢發南方吏卒
往誅之閒歲萬餘人費皆仰給大農大農以均
輸調鹽鐵助賦故能贍之然兵所過縣為以訾
給毋乏而已不敢言擅賦法矣徐廣曰擅一作經經常也唯取用足
耳不暇顧經常法則矣其明年元封元年卜式貶秩為太子
太傅而桑弘羊為治粟都尉領大農盡代僅筦

天下鹽鐵弘羊以諸官各自市相與爭物故騰躍而天下賦輸或不償其僦費（索隱曰服虔謂載云僦言所輸物不足償其雇載之費也僦音子就反）乃請置大農部丞數十人分部主郡國各往往縣置均輸鹽鐵官令遠方各以其物貴時商賈所轉販者爲賦而相灌輸置平準于京師都受天下委輸召工官治車諸器皆仰給大農大農之諸官盡籠天下之貨物貴即賣之賤則買之如此富商大賈無所牟大利（如淳曰牟取也）則反本而萬物不得騰踊故抑天下物名曰平準天子以爲然許之於是天子北至朔方

東到太山巡海上並北邊以歸所過賞賜用帛百餘萬匹錢金以巨萬計皆取足大農弘羊又請令吏得入粟補官及罪人贖罪令民能入粟甘泉各有差以復終身不告緡他郡國各輸急處（索隱曰謂他郡能入粟輸所在急要之處也）而諸農各致粟山東漕益歲六百萬石一歲之中太倉甘泉倉滿邊餘穀諸物均輸帛五百萬匹民不益賦而天下用饒於是弘羊賜爵左庶長黃金再百斤焉是歲小旱上令官求雨卜式言曰縣官當食租衣稅而已今弘羊令吏坐市列肆（索隱曰謂吏坐市肆行列之市）販物

求利亨弘羊天乃雨

太史公曰農工商交易之路通而龜貝金錢刀布之幣興焉索隱曰錢本名泉言貨之流如泉也故周有泉府之官及景王乃鑄大錢布泉者言貨流布故周禮有三夫之布食貨志貨布長二寸五分首長八分足枝長八分刀者錢也食貨志有契刀錯刀契刀長二寸直五百錯刀以黃金錯直五千以其形如刀故曰刀以其利於人也又古者貨貝寶龜食貨志有十朋五貝皆用爲貨其各有多少兩貝爲朋故直二百一十六元龜十朋故直二千一百六十已下各有差也所從來久遠自高辛氏之前尚矣靡得而記云故書道唐虞之際詩述殷周之世安寧則長庠序先本絀末以禮義防于利事變多故而亦反是是以物盛則衰時極而轉徐廣曰時一作衰一質一文終始之變也禹貢九州各因其土地所宜人民所多少而納職焉湯武承弊易變使民不倦各兢兢所以爲治而稍陵遲衰微齊桓公用管仲之謀通輕重之權管子有輕重之法徼山海之業以朝諸侯用區區之齊顯成霸名魏用李克盡地力爲彊君自是之後天下爭於戰國貴詐力而賤仁義先富有而後推讓故庶人之富者或累巨萬而貧者或不厭糟糠有國彊者或并羣小以臣諸侯而弱國或絶祀而滅世以至於秦卒并海內虞夏之幣金爲三品索隱曰即下或黃或白或赤也黃黃金也白白銀也赤赤銅也見食貨志

或黃或白或赤或錢或布如淳曰布於民間也或刀如淳曰名錢為刀者以其利於民或龜貝及至秦中一國之幣為三等黃金以溢名孟康曰二十兩為溢為上幣銅錢識曰半兩重如其文為下幣而珠玉龜貝銀錫之屬為器飾寶藏不為幣然各隨時而輕重無常於是外攘夷狄內興功業海內之士力耕不足糧饟女子紡績不足衣服古者嘗竭天下之資財以奉其上猶自以為不足也無異故云事勢之流相激使然曷足怪焉

索隱述贊曰平準之立通貨天下既入縣官或振華夏其名刀布其文龍馬增筭告緡裒多益寡弘羊心計卜式長者都內克殷取贍郊野

平準書第八　史記三十